为女孩量身定做的成长书

女孩百科
完美女孩的学习妙招

成绩好的女孩更让人刮目相看!

彭凡 / 编著

化学工业出版社
·北京·

图书在版编目（CIP）数据

完美女孩的学习妙招/彭凡编著.—北京：化学工业出版社，2020.7（2023.6重印）
（女孩百科）
ISBN 978-7-122-36958-1

Ⅰ.①完… Ⅱ.①彭… Ⅲ.①女性-学习方法-青少年读物 Ⅳ.①G791-49

中国版本图书馆CIP数据核字（2020）第084299号

责任编辑：丁尚林　马羚玮　　　　　　　　装帧设计：花朵朵图书工作室
责任校对：栾尚元

出版发行：化学工业出版社（北京市东城区青年湖南街13号　邮政编码100011）
印　　装：中煤（北京）印务有限公司
710mm×1000mm　1/16　印张11　2023年6月北京第1版第4次印刷

购书咨询：010-64518888　　　　　　　　　　　　　售后服务：010-64518899
网　　址：http://www.cip.com.cn
凡购买本书，如有缺损质量问题，本社销售中心负责调换。

定　价：39.80元　　　　　　　　　　　　　　　　　　版权所有　违者必究

前言

每一个女孩,都是一颗花苞。
花儿需要空气,需要雨露,需要充足的阳光,
才能悄悄地、悄悄地生长。
女孩需要美丽,需要智慧,需要充足的知识,
才能更好地、美丽地成长。

请带上这本学习妙招,
让它为你指引方向,
通往知识的殿堂。
每一条学习小妙招,
都是一则温馨的小贴士;
每一条学习小妙招,
都是一份真挚的小礼物;
每一条学习小妙招,
都饱含着我们最真诚的祝愿和期望。

目录

第1章 学习前，你在思考什么

学习让女孩得到什么	2
学得好不如嫁得好吗	4
完美女孩的学习态度	6
得了"厌学症"真要命	8
谁是你的学习榜样	10
他天生比我聪明吗	12
不要相信尖子生的谎言	14
把自己的兴趣请出来	16
老师真的可怕吗	18
不怕输的女孩	20
真的"无可救药"了吗	22

第2章 轻轻松松，打好学习基础

你管得住自己吗	26
记忆达人，你就是下一个	28
一目十行与十目一行	30
单词不能靠死记硬背	32
有问题就问出来吧	34
想象力，别消失	36
漂亮的字儿人人爱	38
字典是我们的好朋友	40
我的摘抄本	42
抓住文章的"灵魂"	44
丢掉学习中的坏习惯	46
笔记最好这样做	48

第3章　集中精力，学习的时间到了

电视机的"好"与"坏"	52
电脑，别想诱惑我	54
你还没做完吗	56
这个问题我要自己解决	58
老师的眼睛	60
下课后	62
喂，作业借我抄抄	64
辅导书——只挑对的	66
到底要不要睡午觉	68
你在一心"几"用	70
把心"固定"在课堂上	72
完了，听不懂老师在讲什么	74
偏科≠绝症	76
呜，语文学不好怎么办	78
数学好的都是天才吗	80
不同的性格，不同的方法	82
桔梗花女孩怎样学习	84
向日葵女孩怎样学习	86
喇叭花女孩怎样学习	88
百合花女孩怎样学习	90
预习的三大绝招	92
复习——把知识拴牢	94

目录

降服作业"大怪兽"	96
日记其实超简单	98
让人一见钟情的作文开头	100
令人回味无穷的作文结尾	102
纸上风景更好	104
让笔下的人物活起来	106
消灭作文中的"蛀虫"	108
记叙文到底怎么写	110
写出有个性的作文	112
不做"跑题大王"	114

第4章 保持成绩，继续前进

考试，放马过来吧	118
谁在临时抱佛脚	120
四选一，怎么选	122
对与错的"选择"	124
计算题，该拿你怎么办	126
你会休息吗	128
别被广告误导了	130
你有学习对手吗	132
写给爸爸妈妈的信	134
考砸了能修改分数吗	136
被老师错怪时	138
那些辍学的名人	140
给书包"减减负"	142
好难过，成绩又下滑了	144

"睡美人"的烦恼　　146
不好，大脑一片空白　　148
我爱课外书　　150
读课外书的几种习惯　　152
乱糟糟的课桌　　154
不戴眼镜的女孩更漂亮　　156

不要"歧视"体育课　　158
尖子生要注意的　　160
让我们一起进步吧　　162
至少培养一门兴趣爱好　　164
漫长的暑假　　166

第 1 章

学习前，你在思考什么

学习让女孩得到什么

"学习到底有什么用呢？"最近，沈思琪在思考这个问题。

沈思琪和所有女生一样，爱打扮，爱逛街，爱吃零食……可就是不爱学习。

打扮可以让自己变得美美的，心情也会好起来；

逛街是一种有氧运动，可以让身体变得健康；

吃零食也能缓解压力；

可是学习，学习能带来什么呢？

父母的奖励？老师的赞扬？还是同学羡慕的眼神？

不可否认，这些是学习带给我们最直观的东西。

可是，除此以外，学习还有其他的用处吗？

更重要的是，学习能给我们带来幸福吗？

学习能带给你

广博的知识

他人的尊敬

良好的修养

更多、更好的成长机会

至少一项谋生的技能

美好的未来

学得好不如嫁得好吗

周末,沈思琪去找安卉玩,安卉正在家里看书。

"哇,安卉,你可真用功啊!"沈思琪感叹说。

安卉的奶奶听了,说:"女孩子学那么多东西有什么用,将来还不是要嫁人!"

这时,安卉的妈妈走过来,笑着说:"安卉,别听你奶奶说,现在时代不同了,不管是男孩还是女孩,将来都要有自己的事业才行。"

奶奶还在那里絮絮叨叨,安卉却陷入了沉思。

是啊,有很多人都说,女孩学得好有什么用,还不如将来嫁得好。

可是,如果那样的话,世界上还会出现像赖斯一样的女强人吗?

如果一切都要依靠别人,你自己的尊严又要往哪儿搁呢?

更何况,并不是每一个女孩都长得漂亮。如果你不漂亮,也没有学识,那么,你又凭什么认为自己将来会嫁得好呢?

所以，不要妄想依靠别人，因为只有自己才是最可靠的。从小就用知识将自己武装起来，等你长大后，才能成为物质和精神都十分强大的女性！

女孩的榜样——赖斯

赖斯是一位黑人女性，也是第66任美国国务卿。

几十年前，黑人在美国的地位十分低下，爸爸告诉小赖斯："黑人的孩子只有比白人的孩子优秀两倍，才能和他们平等；优秀三倍，才能超过他们。"

于是，为了超过白人，赖斯付出了8倍的辛劳。她每天四点半就起床学习，不论是基础课，还是音乐、体育，她都表现得非常出色。因为成绩优秀，她还跳过两次级……终于，几十年后，赖斯成为美国政坛上一颗耀眼的明星。

完美女孩的学习态度

五（三）班有两个公认的漂亮女生，一个是沈思琪，另一个是安卉。两人虽然是好朋友，可学习成绩却是一个天上，一个地下。

沈思琪的成绩差得要命，老师经常给她的父母打电话，说她不交作业啦，上课又照镜子啦，考试门门亮红灯啦……只要一提到沈思琪，老师头都大了。

安卉却是班上成绩最好的女生，她是副班长，每次作文比赛、演讲比赛都能拿到名次，是所有女生羡慕的对象。在学校里，不管是男生，还是女生，大家都想跟她做朋友呢。

奇怪，同样是女生，为什么差别这么大呢？

最主要的原因，还是她们俩对待学习的态度不同。

沈思琪的学习态度：

1. 要不是爸妈硬把我送到学校，我才不想学习呢。
2. 只要家里有钱，不学习也无所谓啦。
3. 漫画是我的最爱，只要一有时间我就看漫画。
4. 成绩无所谓，只要不垫底就行。

安卉的学习态度：

1. 我的理想是成为一名优秀的律师，所以我要努力学习。
2. 只有通过学习，我才能过上自己想要的生活。
3. 在家里，我每天都要抽一点时间学习。
4. 保持第一，不能让别人超过我。

得了"厌学症"真要命

有一句俗语:"牙疼不是病,疼起来要人命。"

同样,"厌学症"不是病,可一旦犯起来,也很要命。

这不,沈思琪起床洗脸、漱口,吃完早餐后,又趴在床上了。

妈妈关切地问:"怎么啦?你病了吗?"

"是啊,我得了'厌学症',"沈思琪有气无力地说,"妈妈,我宁愿去操场跑一百圈,也不想去学校上课。"

唉,沈思琪的回答真叫人哭笑不得。不过在学校里,得"厌学症"的同学可能还真不少呢。他们因为种种原因逃避功课,惧怕上学,恨不得学校立马从这个世界上消失。可在现实中,他们又不得不背上书包,乖乖地去上学。

得了"厌学症"可真痛苦啊,有没有治疗它的方法呢?

① 和喜欢的朋友一起去学校,更有上学的动力。

② 主动和同学讨论功课,让自己喜欢上学校。

③ 努力提高成绩,是治疗"厌学症"的关键。

④ 培养学习的自信心,然后鼓足劲儿往前冲。

完美女孩 的 学习 妙招　　LEARN TIPS

谁是你的学习榜样

一天放学回家后,沈思琪向爸爸妈妈宣布说:"从今天起,我要努力学习,要把安卉当成我的学习榜样。"

咦,沈思琪这是怎么啦?以前她可从来不说"努力学习"之类的话。

原来,这次期中考试,安卉考了第一名,而且语文、英语成绩在班上都是最好的。班主任刘老师刚刚宣布完成绩,班上所有同学都对安卉投来羡慕的目光。

那时候,沈思琪就暗暗下定决心,要把安卉当作自己的学习榜样!

的确,拥有一个优秀的学习榜样,能在很大程度上促进我们学习。

当我们在学习中感到沮丧时,学习榜样能及时鞭策我们走出阴影。

当我们为取得一点进步而沾沾自喜

时，学习榜样能压制住我们的骄傲，激励我们向更高的目标前进。

所以，给自己找一个优秀的学习榜样吧，让他不停地激励自己，鞭策自己，直到你变得和他一样优秀为止。

学习榜样必须具备的条件

- 他（她）可以是男生，也可以是女生。
- 他（她）可以是班上同学，可以是名人，也可以是书本中的人物。
- 如果他（她）是你的同学，那么他（她）的成绩一定要非常优秀，而且稳定。
- 如果他（她）是名人，或者书本中的人物，他一定要有值得你借鉴的学习习惯和好学精神，并在某个方面取得过重大成就。
- 除此之外，他（她）还要有远大的理想，以及优秀的思想品质。

请在这里写下你的学习榜样的名字：

他天生比我聪明吗

沈思琪原本一点也不爱学习，后来受好朋友安卉的影响，决定努力学习了。可是，她又有点怀疑自己："我这么笨，别人那么聪明，我真的能赶上他们吗？"

在沈思琪眼中，那些学习好的同学天生就比别人聪明。这是真的吗？

有个博士做了一个有趣的实验，他随机挑选了一群小白鼠，把它们分成三组，接着又找来三组学生。

他对第一组学生说："瞧，这里有一组天才老鼠，只要你们稍加训练，它们很快就能从迷宫里逃出去。"

接着，他对第二组学生说："这组老鼠很普通，你们别抱太大希望。"

最后，他告诉第三组学生："这组老鼠个个是笨蛋，但不管怎样，你们先训练着看吧。"

结果，第一组老鼠很快都从迷宫里逃出去了；第二组老鼠逃出去了几只；而第三组老鼠呢，只有一只逃了出去。

这个实验说明什么呢？说明**资质并不是最重要的，重要的是我们是否对自己有信心。**

什么"她天生就比我聪明"啊，"我生来就没有学习细胞"啊，这些统统都是借口。

你确定自己只能做到这样吗？

你确定发掘了自己的全部潜力吗？

请告诉自己，这绝不是你真正的实力。

请相信自己，别人能做到的，自己一定也能做到。

向第一名迈进

- 每天早上起来告诉自己："真好，又能学到新知识了，我的成绩又要更进一步啦！"
- 找出自己的强项，是语文？还是英语？或者是体育？着重培养自己的强项，这会让你更加自信。
- 向老师、父母寻求鼓励和认同，并把他们对你的激励牢牢记在心里。
- 偶尔把自己想象成班上的第一名，给自己更多动力。

那你小时候一定很聪明咯。

听说小时候聪明的人，长大了一定笨。

不要相信尖子生的谎言

沈思琪非常羡慕那些尖子生,因为他们不管走到哪里,都是众人瞩目的焦点。他们头顶上似乎有一圈神奇的光环,吸引着同学羡慕的眼光、老师关注的眼神。

在学习上,仿佛尖子生说的每一句话都是至理名言。不过,就像每一个人都可能会撒谎一样,虽然尖子生的一些话可以拿来借鉴,但还有一些可能只是他们的谎言,我们千万不要掉进陷阱哦!

尖子生的秘密不能说!

谎言1：上课随便听听就好了，我一般都是自己看书。

这真是一个天大的谎言。古人韩愈曾说过："师者，传道授业解惑也。"意思是，老师是给我们传授道理、传授知识、解决疑惑的人。哪怕一个人自学能力再强，也不可能学得很全面，所以光靠自己看书，是不可能成为尖子生的。

谎言2：我回家后一般都是玩游戏、看电视、睡觉，从来不学习。

这也是谎言。说这种话的尖子生往往是虚荣心作怪，为了表明自己是"天才"，不用怎么学习也能保持好成绩。

谎言3：做那么多题目有什么用？一个类型的题目做一两道就好了。

谎言。同一个类型的题目也会千变万化，只做一两道是绝对不够的。更何况，多做题，锻炼自己的解题能力是绝对有好处的。

谎言4：想学的科目就学学，不想学的就放一边。

谎言。喜欢的科目重点培养，不喜欢的科目也要培养兴趣，因为一专多能更适合社会的需要，跨学科人才有独特的发展优势。

把自己的兴趣请出来

这个世界上,应该没人不知道爱因斯坦这个名字吧。

一提到他,我们大脑中就会冒出"天才""超级科学家""伟大的物理学先驱"等字眼。

能培养出这样一位世纪伟人的老师,一定也很了不起吧。

那么,爱因斯坦的老师究竟是谁呢?

爱因斯坦说过这样一句话:"我认为,对一切来说,只有热爱才是最好的老师,它远远超过责任感。"

啊,原来是这样,这和人们常说的"兴趣是最好的老师"不谋而合。

可是,有些人天生就对学习不感兴趣,那该怎么办呢?比如沈思琪,她努力学习了几天,又陷入了苦恼:"唉,学得真没劲啊。"

没有别的办法了,我们只能通过一些特殊的方式,把自己的兴趣请出来啦。

如何请出自己的兴趣

自我暗示

不断地暗示自己：我喜欢语文，我已经被文字的魅力迷住了；我喜欢英语，我喜欢和外国人交流。通过不断自我暗示，你可能真的会爱上这些科目哦。

培养成就感

做一些小小的、简单的尝试，比如学几个精彩的成语，把它们用到作文中去；记几个常用的单词，在父母面前秀一秀，给自己一些成就感。这样，兴趣不知不觉就会出来了。

从课外寻找兴趣

如果你觉得课本比较枯燥，就去找一些有趣的、相关的课外书籍来看吧，也许你能从中找到自己的兴趣。

老师真的可怕吗

周六,沈思琪和妈妈一起去步行街逛街,突然,妈妈指着前面一个穿深红毛衣的身影说:"思琪,快看,那好像是你们的班主任。"

思琪顺着妈妈手指的方向望去,呀,还真是他们的班主任刘老师。

"思琪,我们去跟老师打个招呼吧。"妈妈说着,拉着思琪朝刘老师走过去。

"不!"思琪死死拖住妈妈的手,"妈妈,还是……算了吧。"

"怎么啦?"妈妈觉得奇怪。

"我……我有点害怕。"思琪吞吞吐吐地说。

有很多胆小的女生都和思琪一样,看到老师就跟老鼠见了猫似的，躲都躲不及，更别说主动上前打招呼了。

不过，老师真的有那么可怕吗？

虽然一些老师看上去很严厉，有时候还会斥责我们，但那往往是因为我们犯了错，或是不能按时完成作业，或是学习成绩下滑了。一个老师是绝不会无缘无故斥责学生的，更何况，老师对我们严厉，也是希望我们能少犯一点错，多学一些知识啊。

所以，我们见到老师时，完全不必躲躲闪闪，要学会尊重老师，这样老师也会更加喜欢你、欣赏你。

怎么和老师相处

- 见到老师主动打招呼，说一声"老师好"。
- 上课认真听老师讲课，这是对老师最大的尊重。
- 经常向老师提问题。
- 努力提高成绩。
- 把老师当成朋友，有什么开心或者不开心的事情都可以跟老师说。

不怕输的女孩

沈思琪非常喜欢画画,她没事就在本子上涂鸦,一次,张老师偶然看到了她画的画,惊喜地说:"沈思琪,画得还不错哟。"

沈思琪有点不好意思地笑了。

张老师又说:"刚好下个月学校有一场绘画比赛,我帮你报名吧。"

听了张老师的话,沈思琪犹豫了:我可从来没有参加过什么比赛,能行吗?

"别犹豫了,就这样定下来啦。"张老师笑着拍拍她的肩膀说,"沈思琪,加油哦。"

可是,比赛结果出来后,沈思琪没有排上名次。

"唉,早知道这样,就不参加这次比赛了。"沈思琪沮丧地自言自语道。

不管在生活中,还是在学习中,每个人都无法避免遭遇失败。有的人失败一次后，为了避免再次失败，就再也不愿意尝试了；有的人经历失败后，却越挫越勇，一次次地进行自我挑战。那么，究竟哪一种做法才是对的呢？

假如沈思琪一蹶不振

沈思琪从此放弃了画画，她再也不在纸上涂鸦，也不告诉任何人自己会画画，渐渐地，她就变成了一个没有任何兴趣和特长的普普通通的女生。

假如沈思琪再接再厉

沈思琪并没有被失败击垮，她下定决心，下次绘画比赛一定要拿到名次。于是从这以后，沈思琪更加努力地练习画画，几个月后，她果然在另一场绘画比赛中拿到了不错的名次，并赢得了班上同学羡慕的目光。

所以，勇敢地从失败中站起来吧，因为只有站起来，才能一步一步接近自己的目标。

真的"无可救药"了吗

在五(三)班,有个女生的成绩比沈思琪还糟糕,她就是蒋琦琦。蒋琦琦是班上成绩最差、最顽皮的女生,每次上课时说话声音最大的是她,下课后吵闹声最大的还是她。刘老师为她伤透了脑筋:"琦琦,你说你怎么不把精力放到学习上来呢?"

快考试了,班上的同学都在紧张地复习,连沈思琪都捧起了课本,只有琦琦一个人无所事事。她东张张、西望望,一会儿扭过头去找人说话,一会儿故意制造出响动引起别人注意。

沈思琪问她:"琦琦,马上要考试了,你怎么一点都不急呀?"

"随便啦,反正我是个差生,就算考倒数第一也没关系。"琦琦一副无所谓的样子。

由于每次考试都垫底,有一些成绩差的女生,就对学习失去了信心,有的甚至认为自己已经无可救药了,干脆"破罐子破摔",再也不学习了。不过,真的存在无可救药的学生吗?

"差生"的华丽变身

● 找到自己的闪光点

比如字写得漂亮啦,作文水平还不错啦,等等,总之,要给自己信心。

这次再也不能拖后腿了,我要加油!

其实我也很想提高一下自己的成绩呢!

● 打好学习基础
　　成绩差的学生往往是因为基础差,在这个过程中,可以向老师、同学请求帮助。
● 笨鸟先飞
　　比别人花更多的时间来学习。

● 贵在坚持
　　一定要坚持下去。当你认为坚持不下去的时候,就想象一下自己"华丽变身"后的样子吧。

完美女孩 的 学习 妙招　LEARN TIPS

第 2 章

轻轻松松，打好学习基础

你管得住自己吗

"唉,其实这孩子挺聪明的,就是贪玩,不肯用功……"

每次听到这样的话,沈思琪都有一种"一点也没错,说的就是我"的感觉。

你是不是也和沈思琪一样呢?如果是,你是该高兴,还是该难过呢?

其实,我们并不笨,我们只是太爱玩儿,太管不住自己了。

其实,那些成绩好的学生,也不见得比我们聪明,他们只是自制力强一点,玩得少一点而已。

可是,就是这一点点差别,决定了每个人的成绩,甚至命运。

幸好,自制力不是与生俱来的,那些经常"管不住"自己的同学,同样可以通过下面的"自制力养成计划",来改变现状,获得自制力!

自制力养成计划

1. 制订一个合理的计划表，规定每天起床、早读、写作业、复习功课等的时间。如：

我的学习计划表

7:30　　　　　起床

7:50~8:10　　早读

……

17:30~18:30　写作业

19:00~19:30　新课程预习

……

2. 严格按照计划表去做。违反一次，就狠狠地惩罚自己一次，比如下个星期早读延长一刻钟啦，周六不许出去玩啦，等等。

3. 无论何时何地，都不要给自己找任何借口。

4. 养成"立刻行动"的好习惯：抛下游戏，立刻去看书！放下漫画，立刻去复习！

记忆达人，你就是下一个

有时候，沈思琪觉得安卉简直不像地球人，因为安卉的记性超好，一本书只要看上一遍，就能记个八九不离十。

有一次，沈思琪请安卉喝奶茶的时候，又提到了这件事。安卉听了，差点儿将一口奶茶喷出来。

"哈哈，和我一样记忆力好的人多了去啦，难道个个都是火星人吗？"

咦，这是真的吗？真的有很多像安卉这样的"超人"吗？

如果是真的，那么，他们的记忆力是天生的，还是后天训练的呢？

唉，如果我也能拥有超人的记忆力，那该多么幸福呀！

如果我有超人的记忆力，提高成绩应该是小菜一碟吧。

超级记忆法

一、理解记忆法

在理解的基础上去记,比如记成语,只要弄懂成语的来历、含义,就很容易记住了。

二、间隔记忆法

有些单词、知识点,你现在是记住了,可过几天就忘记了,所以,一定要隔几天就复习一遍。

三、联想记忆法

遇到抽象的知识,可以把它联想成具体的事物,比如记"漂"和"飘","漂"的偏旁是三点水,所以表示在水中漂浮;而"飘"的偏旁是"风",所以表示在风中飘荡。

四、口诀记忆法

把知识点编成口诀。比如记秦灭六国的顺序,可以记成"喊赵薇去演戏(韩赵魏楚燕齐)",哈哈,是不是好记又有趣呢?

一目十行与十目一行

沈思琪每次看课外书,安卉都要凑过来一起看。看着看着,安卉就忍不住抱怨:"思琪,你看书怎么比乌龟还慢?这一页我都看两遍了,你怎么还没看完呀?"

沈思琪满脸通红。唉,为什么每次安卉看完老半天了,自己才看到一半呢?为什么别人看书能一目十行,自己看书却像乌龟爬?

看课外书也就算了,可是在考场上,如果不会快速阅读,那得浪费多少时间呀!浪费了时间,不就意味着浪费了分数吗?

难道真的没有办法提高阅读速度吗?

或许,安卉的一目十行是有诀窍的呢。

一目十行的秘诀

① 沈思琪的阅读速度真让人无语。

② 沈思琪:为什么我总是读得这么慢?难道我是逐行扫描仪?

③ 安卉:自动忽视那些修饰词、修饰短语,以及无关轻重的句子,像小兔子一样跳着读。

④ 安卉:看我的,找准关键词,一目十行仍然可以一目了然。

单词不能靠死记硬背

"a——p——p——l——e, apple, 苹果！"

"a——p——p——l——e, apple, 苹果！"

……

听到沈思琪记单词的方式，安卉都快抓狂了！

"天啦，谁告诉你单词是这么记的？"

"我一直都这么记啊。"沈思琪一副无辜的样子。

"难怪你的英语成绩那么差。"安卉毫不客气地说。

的确，这种低效率的单词记忆法，只会浪费你的时间、精力，而且很难记牢，同时又会打击你的信心。

其实，和背课文、记公式一样，单词也不能靠死记硬背哦。

安卉教你记单词

● 不要一个字母一个字母地去记，其实单词和汉语拼音有很多相似之处。我们最好是一边拼，一边记。

● 不要在一个单词上浪费太多时间。一般来说，记一个单词，要控制在一分钟内。

● 建立单词之间的联系，看到today（今天）这个单词，我们可以想到"day（天）"，只要在"day"前加一个"to"，就变成"today"了。

● 依靠谐音来记单词，bus（公共汽车）的发音是"巴士"，"bye（再见）"的发音就是"拜"。

● 还有一些其他的趣味记忆法，比如记"family（家庭）"，可以记成"father, mother, I love you（爸爸妈妈我爱你们）"。

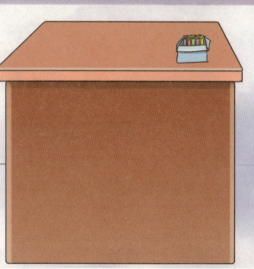

完美女孩 的 学习 妙招
LEARN TIPS

有问题就问出来吧

"母鸡为什么要坐在鸡蛋上面呢？"

"因为它在孵小鸡啊。"

"如果我坐上去，也能孵出小鸡吗？"

"……"

哈哈，遇到这样的学生，老师一定很头痛吧。

不过，问出这些问题的不是别人，正是大名鼎鼎的发明家爱迪生呢。

爱迪生从小就喜欢问一些稀奇古怪的问题，令老师头痛不已。老师只好叫来

他妈妈，说："你儿子脑子太笨了，你还是把他领回去吧。"

妈妈不同意老师的看法，于是把爱迪生领回家，亲自来教他。

从这以后，不管爱迪生提什么样的古怪问题，妈妈都尽力回

答，回答不了，就让儿子自己去看书。

爱迪生凭借着一股勤学好问的精神，成为了伟大的发明家。

 "火眼金睛"发现问题

● 留意你周围的事物

多多观察周围的事物，因为很多问题都是从生活中产生的。

● 多看，多想，多问

会观察，还要勤思考，要学会多问"为什么"。

● 课外书是你的好老师

大量阅读课外书籍，丰富自己的知识，扩展自己的视野。因为一个人视野越开阔，发现问题的机会就越多。

● 坚持才会胜利

有些问题不会一下子解决，还需要时间和经验的积累，所以，一定要有坚持下去的毅力哟。

想象力，别消失

如果你有一个小时的时间，可以变成世上任何一种动物，你想变成什么呢？

变成一只雄鹰，在广阔的天空中翱翔；

变成一条鱼儿，去深邃的海底探秘；

变成一只小鹿，在森林的最深处悠闲地散步；

……

对于这样的问题，答案一定是五花八门，异想天开。

可是，沈思琪却撇撇嘴，说："怎么可能呢？我是人，怎么可能变成别的动物呢？"

那是一匹骏马！

看，天上那朵云真漂亮！

唉，没有想象力，真可怕。

有一个哲学家曾经说过："如果没有想象力，一个人既不能成为诗人，也不能成为哲学家，甚至不能成为一个有思想的人。"

所以，拥有丰富的想象力，对一个人来说，尤其是对一个有思想的人来说，至关重要。

可是，随着年龄的增长，越来越多人的想象力正在渐渐消失。

这真是一件可怕的事情。

所以，趁现在还不晚，让我们牢牢地抓住自己的想象力，别让它消失吧。

① 在课外书中获得奇妙的想象力。

② 在学习和生活中为超凡的想象力打好基础。

③ 在艺术中培养丰富的想象力。

漂亮的字儿人人爱

作业本发下来后,沈思琪不满地撅起了嘴巴:"明明一道题都没错,为什么只得了'良'?不是'优'才对吗?"

她一眼瞟到安卉的作业本,大叫一声:"为什么你得了'优'?"

"哼,老师真是太不公平了!"沈思琪生气地说。

咦,真的是老师不公平吗?

让我们来看看安卉的作业本,字儿写得整整齐齐,每一笔、每一划都工工整整。

再看看沈思琪的,哎哟,亏思琪还是女孩子呢,字怎么写得这么潦草?有些字不仔细看,连认都认不出来呢!

难怪同样的作业,老师给了安卉"优",却只给了思琪"良"。

字这么丑,叫我怎么见人哟!

不管是谁,看到漂亮的字儿都会感到舒心,看到潦草的字迹都会紧皱眉头吧。

所以,不是老师偏心,而是思琪需要好好地练练字啦!

怎样写一手漂亮的字

- 买一本字帖,选自己喜欢的字体。

- 每天花一刻钟,或更多的时间临摹。

- 坚持下去,直到写得一手好字为止。

字典是我们的好朋友

沈思琪去安卉家做客，发现安卉的书架上满满都是书。

"《西游记》《骆驼祥子》《巴黎圣母院》……哇，安卉，这些书你都读过吗？"

"大部分都读过啦，还有一些正准备读。"

沈思琪随便翻了几本，皱着眉头说："有好多字不认识哎。"

"其实，我也有一些字不认识，不过，"安卉笑着从书架的最右端抽出一本《新华字典》，递给沈思琪说，"遇到生字，只要查查字典就好啦。"

是啊，如果因为有不认识的字，就放弃读一本好书，那真是因小失大啦。

事实上，中国文字源远流长，我们不可能做到每个字都认识，还好，我们有字典这个好朋友。在阅读的过程中，不管遇到多么生僻的字、词，只要翻翻字典就能找到答案。怎么样，是不是很方便呢？

当然，除了《新华字典》，还有《现代汉语词典》《成语词典》等工具书可以供我们选择哦。

中国第一部字典

你知道吗？中国第一部称作《字典》的书是清朝出现的。

康熙时期，户部尚书张玉书、吏部尚书陈廷敬等人花了六年时间，编撰了一部汉字辞书。康熙对这本书赞赏有加，认为可以奉为"典常"，于是命名为《康熙字典》。从这以后，凡是这类汉字辞书，都被称作"字典"。

我的摘抄本

爸爸出了一趟差，给沈思琪带回了一个精美的笔记本。

这个笔记本实在太精致、太漂亮了，沈思琪简直舍不得在上面写字。不过，要是一直不用的话，好像也不太合适。

可是，用来干什么呢？

当练习本？也太浪费了吧。

写日记？也不太好。

做笔记？可是自己已经有笔记本了。

……

就在沈思琪苦恼的时候，妈妈提醒她："用来做摘抄本吧。"

摘抄本？这倒是个好主意。

一个精美的笔记本，正好用来记录美好的事物，不是吗？

其实，不管你有没有一个精美的笔记本，都要养成摘抄的好习惯哦。

因为摘抄不仅能锻炼我们的审美能力，丰富我们的词汇，还能大大提高我们的作文水平。通过摘抄，我们还能学到不少知识呢。

 抄什么？

——优美的词语，经典的语句，自己喜欢的语句。

——有哲理的语句、名言警句。

——优美的诗歌。

——有趣的或者实用的知识点。

 怎么抄？

● 分门别类，比如把优美的语句分为一类，知识点分为另一类。

● 最好是标明出处、作者，以便将来查找。

● 不要写得太满，可以留一点空白写自己的感想。

● 如果段落太长，或是整篇文章都很精彩，可以只摘抄一小部分，然后标明详细的出处。

抓住文章的"灵魂"

沈思琪并不讨厌语文,可是,每次上语文课时,只要一听到吴老师问"这篇课文的中心思想是什么",她就头痛。

中心思想,中心思想,为什么每篇课文都要归纳中心思想呢?中心思想就那么重要吗?

答案是——没错,中心思想的确非常重要!因为它是一篇文章的灵魂。找出了中心思想,就相当于抓住了文章的灵魂。

可是,文章的灵魂往往像一个调皮的小精灵,行踪让人捉摸不定。

那么,就让我们一起来看看,文章的灵魂有可能藏在哪些地方吧。

文章的灵魂藏在哪儿？

● 藏在标题中：有些文章的标题就是它的中心思想，比如《小蝌蚪找妈妈》。

● 藏在开头和结尾：在文章的开头和结尾中，我们往往能找到引领全文或总结全文的句子，这很有可能就是文章的中心思想。

● 藏在中心句里：很多文章都有中心句，用来表达全文的主旨，也就是中心思想，我们一定要擦亮眼睛，仔细去寻找。

● 藏在主要事件中：如果是记叙文，我们只要读懂它讲述了一件什么事，通过这件事反映了什么，也就归纳出文章的中心思想了。

完美女孩的学习妙招 LEARN TIPS

丢掉学习中的坏习惯

很多女孩（比如沈思琪）在学习中都有一些不好的习惯，并对这些习惯不太在意，认为没什么大不了。但事实上，它们很可能是影响我们成绩的关键因素呢。

8种常见的坏习惯

- 学习被动，老师让做什么就做什么，老师没有交代的任务从来不会主动去做。

- 学习马马虎虎，写作业时，字迹潦草得只有自己能认出来，不是这里写错，就是那里算错，考试也一样。

- 读书时，必须用手指着书上的字，一个字一个字地读。

- 作业拿来就做，不会做的题目乱写一气，做完了就扔一边，整个过程中完全不参考课本和笔记。

- 每天没有固定的时间学习，兴趣来了就学习，不然就去看电视、玩游戏。

- 学习不专心，过几分钟就要东张张，西望望，或者干脆干点别的事。

- 作业、测验有错也不改，更不会分析错误的原因，下次会在同样的地方出错。

- 快下课时就听不进去了，一心等着下课铃响。

对照一下，上面的8种坏习惯你有几个，做一个标记，并告诉自己：**我一定要改掉这些坏习惯！**

完美女孩 的 学习 妙招

LEARN TIPS

笔记最好这样做

在课堂上,做笔记是很重要的。

因为老师讲的内容,我们不可能一下子全部记住,所以,我们要记在纸上,慢慢消化。

因为有些重点、难点,我们必须做上记号,以便着重复习。

因为在学习过程中,我们还会产生好多疑问,我们要迅速标出来,以便课后寻找答案。

……

笔记的好处实在太多了。如果你说,有个同学从来不做笔记,成绩却总是名列前茅,那我一定不相信。

可是，有的人书本上密密麻麻，全是笔记，连书上的字都看不清；

还有的人书本上有大片空白，只会偶尔划上几笔。

这两种人都做了笔记，可他们都不会做笔记。

那么，究竟怎样做笔记，更有助于我们提高成绩呢？

笔记最好这样做

- 不要把所有笔记都写在书上，每个科目都要准备一个笔记本。注意，就算是笔记本上也不要写得太满，留一些空白以便补充。

- 抓住重点，不要什么都往笔记本上写。笔记太多，复习的时候反而会带来麻烦。

- 不同的内容用不同的符号来标示，比如重点用"*"或波浪线标示，疑问用"？"标示，等等。

- 课堂上时间紧迫，笔记往往会有遗漏，甚至有错误的地方，所以课后一定要及时整理，同时还可以参考一下别人的笔记。

第 3 章

集中精力，学习的时间到了

电视机的"好"与"坏"

放学回家后,你做的第一件事是什么?

"当然是打开电视机啦!"如果是沈思琪,一定会这么回答。

每天放学回家,沈思琪在电视机前一坐就是好几个小时,看偶像剧、穿越剧、各种选秀节目,甚至连吃饭都要一边吃,一边看电视,电视机已经成为她生活中不可缺少的一部分。那么,电视机到底给我们带来了好处,还是坏处呢?

看我,看我,再看我就把你吃掉!

 电视机带来的好处

● 适当地放松心情

● 一些有趣的节目能给我们带来欢乐

● 开阔眼界，了解国家大事

● 能从一些科教节目中学到知识

 电视机带来的坏处

● 耽误学习

● 容易引起近视

● 成天窝在家里看电视，以致缺少锻炼

● 沉迷于偶像剧，产生一些不切实际的幻想

我也不是一无是处嘛！

所以，我们可以看电视，但时间不要过长，而且要多看有益的节目。还有，最好是在喜欢的电视节目前一两个小时写作业，督促自己一定要把作业完成。

电脑，别想诱惑我

沈思琪已经一个月没碰电脑了。

自从上次期中考试，沈思琪的成绩下降了十多个名次后，妈妈就不许她再碰电脑。

"说什么查学习资料，别以为我不知道你在干什么！"妈妈生气地说。

妈妈说的没错，前一段时间，沈思琪迷上了一款网络游戏。每天一放学，沈思琪就打着"查学习资料"的名义，偷偷地玩游戏。

几个月后，她在游戏中的等级升高了，学习成绩却"一落千

丈"。于是，妈妈给电脑设置了密码，不许沈思琪再用电脑。

这一招还真见效，现在，沈思琪的成绩又开始缓慢上升。不过，没有了电脑，学习起来还真没那么方便呢。

"妈妈，把密码告诉我吧，这次我是真的要查资料。"沈思琪哀求妈妈说。

"你保证再不玩那个游戏了？"妈妈问。

沈思琪沉默了，因为就连她自己也不知道，她能否抵制住那款游戏的诱惑。

唉，电脑啊电脑，你真是让人又爱又恨啊。

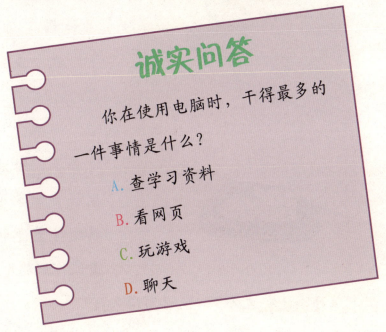

诚实问答

你在使用电脑时，干得最多的一件事情是什么？

A. 查学习资料

B. 看网页

C. 玩游戏

D. 聊天

电脑是把双刃剑，合理地使用电脑，它就能成为我们生活、学习的好帮手，可如果沉迷于网络，它就会变成吞噬我们的恶魔！

你还没做完吗

暑假已经过去了一半，可沈思琪的暑假作业才只做了一点点。

每次妈妈问："思琪，暑假作业写多少了？"

沈思琪总是回答："妈妈，你放心好了，我一定会提前做完的。"

一晃，几个星期过去了，眼看下个星期就要开学了，沈思琪这才急急忙忙地把暑假作业翻开。

"怎么办？还有这么多，怎么写得完？"

第二天，沈思琪正在愁眉苦脸地赶暑假作业，安卉来找她玩："沈思琪，今晚月湖公园有灯展，我们一起去看吧。"

"不行啊，我的暑假作业还没写完呢。"沈思琪哭丧着脸说。

"啊，你还没写完啊，我已经做完几个星期了。"安卉失望地说，"那我只好找别人一起去啦。"

望着安卉离开的背影，沈思琪后悔得要命。

呜呜，好想去看灯展。早知道这样，就该早点把暑假作业写完啊。

唉，现在才知道后悔有什么用呢？有的人做事就是这样拖拖拉拉，明明一两个星期可以完成的暑假作业，偏偏要等到最后几天才做；明明早就该背诵的课文，偏偏要等到快考试的时候才背……

就这样，在该学习的时候不去学习，到最后没时间了才开始着急。这就是拖拉导致的恶果啊！

请养成立即行动的好习惯：

放下漫画书，立即去写作业；

关掉电脑，立刻去练字；

关掉电视机，立即去背单词；

打消出去玩的念头，立刻去复习功课。

当你完成了所有的学习任务，你就可以轻轻松松地去看灯展，或是做任何你想做的事情啦。

这个问题我要自己解决

你是不是也像她一样,在学习上遇到任何问题,第一个想到的就是找爸爸妈妈,或者老师帮忙解答,而从来不肯自己动脑筋思考呢?

这可不是一个好习惯,因为这样很容易使人产生一种依赖性,从而丧失独立学习、解题的能力。虽然父母和老师能给我们一定的引导,但是他们并不能代替我们学到知识。在学习上,我们最终能依靠的只有自己,不是吗?

请养成以下好习惯:

遇到不认识的汉字,自己查字典;

遇到不会读的单词,自己查英语词典;

作文写不出来的时候,翻翻作文书,从中找找灵感(切勿抄袭哦);

组词、造句、词语释义,这些都要先自己想,然后才能查工具书;

数学题不会做,自己先思考一会儿,说不定就能找到解题方法。

总之,在学习上遇到任何问题,都要学着自己去解决。只有当你一个人实在无法解决的时候,才能向他人求助。

老师的眼睛

每次上课,刘老师要请人回答问题时,都会首先将全班同学扫视一遍。

这时,蒋琦琦就赶紧低下头,避开刘老师的目光。

"不能看,千万不能看,不然老师一定会叫我的名字。"蒋琦琦在心里默念。

事实上,像蒋琦琦这样的学生还真不少呢,只要老师要请人回答问题了,他们就赶紧把头低下,免得和老师的目光发生碰撞。

遇到这种情况,有时候老师也哭笑不得。

可是,上课回答问题就真的那么可怕吗?

要知道,大部分尖子生上课都会积极发言哦。因为积极回答老师的问题，不仅能避免上课走神，还能给老师留下良好的印象，让老师更加喜欢你。而且，对于自己回答过的问题，你还能在大脑中留下深刻的印象呢。

很多人上课不敢回答问题，多半是怕回答不好，惹来大家笑话，所以，我们先从最简单的做起吧，比如读课文。下次老师请人读课文，要目光炯炯地直视老师的眼睛，勇敢地把手举起来。只要多多锻炼，你就不会惧怕老师的目光，甚至希望老师点名叫你回答问题，因为这是一个在同学面前表现自己的好机会。

下课后

沈思琪和安卉的前排坐着蒋琦琦和文瑶。蒋琦琦的学习成绩一团糟,乒乓球却打得很好。每次下课铃一响,她立刻拿着球拍冲出去占球桌,要等到上课铃响了,她才气喘吁吁、满头大汗地跑进教室。

而文瑶呢,总是安安静静地坐着看书,或是写作业,除了上厕所,她从不迈出教室半步。

那么,我们究竟该怎样度过课间十分钟呢?是像蒋琦琦一样出去打球,还是像文瑶一样安静地看书?

我认为应该像蒋琦琦一样出去打球,毕竟课间十分钟就是用来休息的,如果上课也学习,下课也学习,那我们的大脑不是很疲惫吗?

我认为应该像文瑶一样争分夺秒地学习。把每个课间十分钟加起来,一天就有一个小时,一个月就有二十多个小时呢。时间不能浪费!

事实上，不管是蒋琦琦，还是文瑶，都不是我们学习的对象。

因为课间只有十分钟，不宜进行剧烈的运动。像蒋琦琦这样一下课就跑出去打球，等下一节课开始了，她还没缓过神来呢。而文瑶呢，她坐在教室里的时间过长，不利于身体健康。

所以，下课后我们最好到教室外面走一走，散散步，使自己的大脑得到充分休息，为下一节课做好准备。

喂，作业借我抄抄

"喂，你数学作业写完没？"教室里，蒋琦琦扭过头问沈思琪。

"早写完了。"沈思琪回答。

"借我抄抄。"蒋琦琦毫不客气地向她伸出手。

"拜托，你不会自己做啊。"沈思琪嘴里虽然这么说，但还是将作业本递给了蒋琦琦。

蒋琦琦一边抄作业，一边暗自得意：哈哈，别人要花半个小时才能完成的作业，我几分钟就搞定了。

不过，这真的是一件应该得意的事情吗？

如果沈思琪的答案是错的，老师发现她们的作业错得一模一样，会有什么后果呢？

就算老师没有发现，抄作业也不是一件光荣的事情吧。

那些喜欢抄作业的同学，不外乎以下几种情况：

——懒，不肯动脑筋；

——怕做错，不如直接抄成绩好的同学的作业；

——上课走神了，所以作业不会写，只好抄别人的；

——老师布置的作业太多，写不完。

当然，一般来说，最后一种情况较少，第一种情况最多。那些经常抄作业的人，往往是嫌麻烦，不肯自己动脑筋，才去抄别人的作业。可是，就算你骗过了老师，能骗得了自己吗？

而且，别人虽然花半个小时才完成作业，可巩固了知识，而你花几分钟抄作业，又得到了什么呢？恐怕什么都没得到吧。

所以，像抄作业这种自欺欺人、百害而无一益的行为，我们还是不要做了吧。

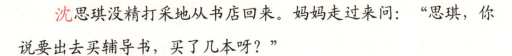

辅导书——只挑对的

沈思琪没精打采地从书店回来。妈妈走过来问:"思琪,你说要出去买辅导书,买了几本呀?"

"一本也没买。"

"为什么?"妈妈奇怪地问。

"书店里的辅导书太多了,我不知道买哪一本,所以只好空手回来了。"沈思琪可怜兮兮地说。

一本好的辅导书,对我们的学习有着不小的帮助。可是,市场上的辅导书五花八门、良莠不齐,在挑选的时候,我们往往无从选择。如果一不小心挑错了辅导书,不但对学习起不到帮助作用,反而会带来危害呢。

劣质辅导书的危害

◀ 题目太难，容易使人丧失学习的兴趣；
◀ 与课本不同步，让人无所适从；
◀ 题目或答案错误百出，误导我们学习。

 那么，究竟该怎样正确挑选辅导书呢？

☆ 最好，也是最简单的办法，就是听从老师的推荐，因为没有比老师更了解哪些辅导书较好，哪些辅导书对学习有益了。然后从老师推荐的辅导书中挑选最适合自己的。

☆ 或者挑选那些正规出版社出版的辅导书，比如教育出版社、师范大学出版社等。

☆ 最后，还要注意出版日期。因为教学大纲每年都可能发生变化，所以一定要买最新出版的辅导书。

到底要不要睡午觉

是啊，为什么明明两个人都没睡午觉，一个到了下午就没精打采，另一个精神却很好呢？

原因有很多，可能是前者晚上没有睡好，而后者晚上睡眠充足；或者两个人的体质不同，前者必须靠睡午觉来养足精神，而后者不需要。

所以，到底要不要睡午觉，是因人而异的。

如果你下午很容易犯困的话，那么就一定要睡午觉；如果你即使不睡午觉，下午也精神百倍，那就可以不睡午觉。

睡午觉也有"技巧"

——中午不要吃得过饱，或是过于油腻，以免睡不着；

——不要饭后马上睡觉；

——最好不要趴在桌上睡觉，而要躺着睡；

——午睡时间不要太长，最好控制在30分钟左右，最长不能超过一个小时。

你在一心"几"用

像沈思琪这样，既复习了功课，又看了电视，看上去还真是一件两全其美的事情呢。平时在家里，沈思琪也是一边听收音机，一边写作业，还美其名曰"提高效率"。妈妈想让她改掉这个习惯，于是让她做了几个实验，实验结果如下：

一边看电视，一边背课文，一篇课文往往要花两三个小时才能背下来；

专心背课文，结果半个小时就背下来了。

一边听收音机，一边写作业，最少要花两个小时才能完成作业；

专心写作业，结果不到一个小时作业就写完了。

一边吃零食，一边记英语单词，半个小时只能记几个单词，而且很容易就忘了；

专心记单词，半个小时记了十个单词，而且记得更牢。

这么说来，一心二用不但不能提高效率，反而会使效率大大下降呢。所以，在学习的时候，还是专心致志地学习好了，等学习完了，再痛痛快快地玩。这样，不是更好吗？

把心·"固定"在课堂上

一次,有个科学家请朋友吃饭,饭菜都准备好了,可朋友还没来。这位科学家就想先去工作室做一会儿实验。

不一会,朋友来了,见科学家正忙着,就没去打扰他。

朋友等啊等,等了一个多小时,还不见科学家出来。他不耐烦了,把桌上的饭菜吃了个精光,连招呼都没打,就走了。

科学家做完实验,出来一看,桌上一片狼藉,就自言自语地说:"呀,原来我已经吃过了。"于是又回到工作室去了。

怎么样,这个故事是不是很好笑呢?你想知道这个科学家是谁吗?

他就是英国伟大的物理学家牛顿。

瞧,牛顿只要工作起来,就把什么都忘了。我们在上课的时候,是不是也该学学他专注的劲头呢?

原来我已经吃过了啊,那就继续工作吧!

可是，一节课有40分钟呢，能坚持下来的同学有几个？在五（三）班，除了安卉和几个成绩比较好的学生外，总有人忍不住转转笔，东张西望，或者找同学小声说话。

你知道吗？上课走神几分钟，课后花双倍的时间可能都补不回来呢。

所以，上课集中注意力，把心"固定"在课堂上，是提高学习效率的最好办法。

怎样把心"固定"在课堂上

♥ 培养学习兴趣，面对自己感兴趣的东西时，你一定能做到专心致志。

♥ 不要趴在桌子上听讲，这很容易犯困，说不定听着听着就睡着了。

♥ 老师讲课时，要边听边想，使自己的思维变得活跃起来。同时，还要时不时记笔记。

♥ 积极举手回答问题，这能使你变得更加专注。

完了,听不懂老师在讲什么

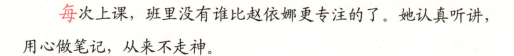

每次上课,班里没有谁比赵依娜更专注的了。她认真听讲,用心做笔记,从来不走神。

按理说,她这么努力,成绩应该很优秀才对呀。可事实上,赵依娜的成绩在班上只能算中等。问她为什么会这样,她哭丧着脸说:"老师讲的内容,我有好多都听不懂。"

唉,世界上最悲惨的事情也莫过于此吧。

你明明听课很认真,可有时候,你还是听不懂老师在讲什么。

当然,不排除老师讲课方式有问题。但是,如果大部分同学都懂了,只有你不懂,那就是你自己的问题了。

那么,究竟有哪些原因,会导致你上课听不懂老师讲课呢?

① 为了提高课堂效率，对于很多基础知识，老师都不会详细去讲，这就导致了你听不懂。

② 如果你没有预习，而老师讲课节奏又快，也会导致你听不懂。

③ 明明有问题，却又不举手提问，当然听不懂老师讲课啦。

④ 因为老师的讲课方式是针对大多数学生的，有人不适应也很正常。

所以，打好基础，提前预习，多多提问，并努力适应老师的教学方式，这样，下次上课你就不会听不懂啦！

完美女孩 的 学习 妙招 LEARN TIPS

偏科 ≠ 绝症

你听过著名的"木桶定律"吗?

一个木桶由几块木板组合而成,因此,木板的长度,就决定了木桶的盛水量。可是,盛水量究竟取决于哪一块木板呢?答案是:最短的那块。

说到这里,对某些同学是不是有所触动呢?

对于好多同学来说,偏科似乎就等于绝症。

事实真是这样的吗?如果我悄悄地告诉你,这里有个治疗偏科的绝密药方,你要不要来看看呢?

治疗偏科的秘密"药方"

● **由易到难**

不要一开始就想着攻克难题,这样只会打击你的自信心,从而让你更加讨厌这门学科。所以,请从最简单的题目、最基础的知识入手吧。

● **互帮互助**

你语文成绩好,英语成绩差;他英语成绩好,语文成绩差。哈哈,那么你们俩刚好能组成一个二人互帮小组。在学习上取长补短,互帮互助,不仅能一起提高成绩,还能建立牢固的友谊呢!

● **着重复习**

哪一科偏弱,就着重复习哪一科。在某个科目上花的时间越多,收获自然就越多。

呜,语文学不好怎么办

在学习中,虽说每一个科目都很重要,但是,如果一定要评选最重要的一科,那么,一定非语文莫属吧。

可以说,语文是所有学科的基础。不论你的理想是什么,兴趣是什么,都要打好语文基础。

可是,有人认为,语文是一门非常难学的科目,什么实词、虚词、成语、谚语、段落大意、中心思想,等等,让人头都大了!

真搞不懂,那些语文成绩好的同学,比如安卉,他们到底是怎么学的?

他们的大脑怎么能装下那么多东西呢?

他们有什么学习语文的秘笈吗?

语文成绩好的同学,快教教我怎么学语文吧!

教你怎样学语文

- 俗话说："读书百遍，其义自见"。对语文来说，阅读是一种最简单、最直接的学习方法，而首选的阅读内容就是课文。我们不仅要把每篇课文读得滚瓜烂熟，而且在读的过程中，要边读边思考：这篇文章有什么特点？表达了怎样的思想？等等。

- 除了阅读，还要背诵重点课文、重点段落，默写课后的生字、生词，最好是找同学、父母帮你把关。

- 语文语文，即"语言"和"文学"，所以坚持每天写日记，也是提高语文成绩的一种办法哦。

- 当然，最好是能主动培养对语文的兴趣。有空的时候，多多阅读课外书籍，和朋友一起玩玩文字游戏，培养你跟语文之间的"感情"吧。

数学好的都是天才吗

　　这个暑假,安卉最怕别人问的问题就是:"安卉,期末考试考得怎么样啊?"

　　遇到这种情况,安卉总是支支吾吾地回答:"语文98,英语90……"

　　"还不错啊,那数学呢?"

　　"数学……数学75分。"

　　安卉觉得难堪极了。不过,她总是安慰自己:听别人说,数学好的都是聪明人,尤其是那些总考一百分的,几乎个个都是天才,而我智力一般,所以数学成绩自然也一般般喽。

　　的确,数学需要敏捷的思维、严密的逻辑,所以有很多人认为,只有聪明人才能学好数学。

　　可是,事实果真如此吗?

　　想想看,一个班数学成绩好的同学占了不少,难道他们个个都比别人聪明吗?不可能吧。

数学应该这样学

- 首先,要将各种数学定理、公式、法则等记得滚瓜烂熟,因为这是学习数学的基础。当然,一定要在理解的基础上去记,而不是死记硬背。
- 重点复习书上的例题,要做到在完全不看答案的情况下,也能将例题解出来。
- 虽说不提倡"题海战术",但是,要想把数学学好,就必须做大量的练习题,这样才能提高自己的解题能力。
- 对于一道题,要学会用多种方法去解答,这样既能找到最佳解法,又能锻炼你的思维能力。

所以,所谓的"只有聪明人才能学好数学"只是一种借口。只要找对方法,勤加练习,谁都可以学好数学。

不同的性格，不同的方法

在同学们眼中，安卉和宋嘉玉都是成绩优秀的女生，不过，在讨论高效率的学习方法时，两人的意见却恰好相反。

我喜欢一边听音乐，一边学习。只要美妙的音乐响起，我的心就会立刻平静下来，学习效率也特别高。

我学习的时候，周围一定要非常安静，一点噪声都不能有，就算是轻音乐也不行。我学习的时候，不管什么音乐，对我来说通通都是噪声。

原来，学习方法并不是一成不变的啊，对于性格不同的女孩，也会有不同的学习方法呢。

你是哪种性格的女孩呢?

桔梗花女孩——

公正、自信,

总是有着明确的目标,

爱发号施令,

喜欢被人拥护的感觉。

向日葵女孩——

待人热情、诚恳,

心直口快,

能迅速和陌生人成为朋友,

积极参加班级活动。

喇叭花女孩——

心思缜密,

不喜欢跟陌生人讲话,

爱幻想,

常常脸红。

百合花女孩——

注意自己的形象,

总是将房间收拾得整整齐齐。

不能容忍别人迟到,

从不撒谎。

桔梗花女孩怎样学习

桔梗花女孩的优势

桔梗花女孩天生具有领导才能,所以,她们一般会担任班长、团支书这样的职务;

桔梗花女孩在同学眼中的威信很高;

桔梗花女孩非常自信,所以,她们对自己的学习成绩充满信心;

桔梗花女孩责任感强。

桔梗花女孩的劣势

因为要管理各种班级事务,桔梗花女孩用来学习的时间比别人少;

桔梗花女孩更倾向于做一个优秀的领导者,而不是一个成绩优秀的人。

桔梗花女孩——尤其是担任文娱委员、生活委员等的桔梗花女孩，很容易忽视学习这一方面；

桔梗花女孩容易滋生骄傲的情绪。

桔梗花女孩怎样学习

在学习上严格要求自己。要知道，一个好的领导者，首先必须是一个优秀的人。

不要为自己找借口，什么"我太忙，没空学习"啊，"我要帮老师统计分数，所以下次再看书好了"，把这些借口统统抛开，因为作为一名学生，学习才是首要任务。

合理安排时间，如果班级事务占据了你太多的学习时间，那么，你就要学会调整一下工作和学习的计划，必要的时候，还可以去跟老师商量。

建立一个学习小组，和大家一块儿学习，互帮互助，共同提高学习成绩。

向日葵女孩怎样学习

　　大家都说，蒋琦琦是个向日葵一样的女孩，她热情开朗，浑身充满活力，简直一刻都不能闲着。

　　上课的时候，蒋琦琦总忍不住找周围的同学说小话：

　　"哎，昨晚你看电视没？"

　　"放学后我们去哪逛逛吧。"

　　"上次我给你推荐的那首歌你听了吗？"

　　……

　　有时候，旁边的同学被她搞得很烦，不愿意跟她讲话。不过，蒋琦琦马上又会转移目标，去找后面的同学讲话。

　　下课后，老师刚合上书本，蒋琦琦已经从后门冲出去了。

"教室里真是闷死了。"

她看到不远处有人在打乒乓球，眼前一亮，立刻跑过去。

"嘿，让我加入吧。"

蒋琦琦成天和同学嘻嘻哈哈，看上去无忧无虑的样子，其实，有时候想想自己糟糕的成绩，她也会感到苦恼呢。

怎样充分发挥向日葵女孩的优点

优点： 向日葵女孩非常乐观，对未来拥有美好的憧憬。

——所以，给自己一个明确的目标，是班上前十名？还是期末考90分？然后努力去实现它。

优点： 向日葵女孩热爱交际，拥有很多朋友。

——所以，多多向成绩好的朋友请教，他们一定不会拒绝你哦。

优点： 精力旺盛，热爱集体活动。

——所以，多参加一些有意义的活动，比如书法比赛啦，创新作文大赛啊，等等，在活动中学到更多的知识。

向日葵女孩的宣言

努力学习，才能追求更灿烂的阳光！

喇叭花女孩怎样学习

不敢和同学一起讨论问题，不敢向老师提问，经常被一点点声音搞得看不进书，而且常常因为郁闷而无法学习……唉，作为一个性格内向的喇叭花女孩，还真是苦恼啊。

不过别担心，就算是喇叭花女孩，也有适合她们的学习方法哦。

喇叭花女孩怎样学习

去图书馆，那里既安静，学习气氛又好，非常适合喇叭花女孩学习。

喇叭花女孩不善于在众人面前表达自己的想法，那么，就去找一个非常亲密的、无话不谈的朋友吧，在学习上遇到问题时，可以第一个找她讨论。

勇敢地尝试一次在课堂上举手提问。只要迈出第一步，你就能走得更远。

多听音乐，看有趣的动漫、笑话书，让自己常常保持愉快的心情。

喇叭花女孩的宣言
总有一天，小小的喇叭花也能绽放出耀眼的光芒！

百合花女孩怎样学习

马上就要期末考试了，张小美暗暗着急，她的语文才复习了一半，数学和英语还没开始复习呢。

奇怪，她不是很早就开始复习了吗？别的同学已经将所有课程粗略地复习了一遍，张小美的进度怎么这么慢呢？

原来，张小美是一个非常追求完美的人，她在复习的时候，将所有课本上的内容，所有笔记、所有习题全都一丝不苟地复习了个遍。这样一来，虽然她复习了很多内容，可效率并不是很高。更何况，也没有那么多时间让她复习啊。

所以，像张小美这种过于追求完美的性格，在学习中也并不一定能带来好处哦。

百合花女孩学习时应该注意的

课堂上有选择性地记录笔记,而不是将老师所有的讲课内容记下来。

复习时先复习重点科目,以及重要的知识点,而不是将所有内容一股脑地复习一遍。

考试时由易到难,不会做的题目可以先放到一边。

即便没有拿到100分,也不要气馁,要用良好的心态来面对。

给百合花女孩的忠告:

过于追求完美,反而会让你失去更多。

预习的三大绝招

上课铃响了，吴老师迈着轻盈的步子走进教室。她面带微笑，问大家："同学们，今天我们学习第五课，预习过的同学请举手！"

哗啦啦，一大片手举起来了。沈思琪也举了手。

吴老师满意地点点头，说："沈思琪，你朗诵一下第一段。"

沈思琪慌忙站起来，捧着课本开始朗读。读着读着，她就卡了壳。

"怎么不念下去了？"吴老师问。

"老……老师，这个字不会念。"沈思琪结结巴巴地说。

咦，明明预习了，怎么还是不会呢？看来，沈思琪还没有掌握预习的诀窍哦。预习一共有三大绝招，让我们一起去瞧瞧吧。

预习的三大绝招：

第一招 预习时间掌握好

一般来说，在做完所有的功课后，如果还有剩余时间，就进行预习。剩余时间多，就多预习几科；剩余时间少，就预习自己不擅长的，或重要的科目。

第二招 带着问题去预习

预习不是把课本草草看一遍，就算了事。要边看边想：这段话的主要内容是什么？哪些是重点？哪些是难点？所有的内容我都看懂了吗？

第三招 预习笔记很重要

在预习的过程中，遇到生字、生词，要自己查工具书，给它们注音、释义。遇到自己无法解决的问题，就在书上做好标记，或者记在笔记本上，等老师来解答。

复习——把知识拴牢

沈思琪认为，相对于电脑而言，人类的大脑真是弱爆了！

电脑能瞬间永久记住输入的数据，可是大脑就不行了。据统计，刚学到的知识只要过20分钟，就会忘记40%左右。

天啊，我们学得那么辛苦，到头来收获却那么少！

真不公平……

好吧，既然我们不是电脑就只好通过反复学习，来尽量把知识拴牢一点啦。

可是，时间毕竟是有限的，我们还要玩耍、休息，还要学习新的知识，用来复习的时间并不是很多，该怎么办呢？

到底怎样复习才能事半功倍呢？

孺子可教也！

高效率的复习方法

● **课后要及时复习**

下课后,迅速把课堂上的知识回忆一遍。因为对于一个新知识来说,时间过得越久,就越容易遗忘。

● **定时多次复习**

一定要定期多次复习,比如每个周末进行一次"周复习",每个月月底进行一次"月复习"。只有通过多次复习,知识才会像一只小绵羊,被你紧紧拴牢。

● **抓住复习的重点**

着重复习重点、难点,以及容易出错的知识点。最好是把它们记在一个笔记本上,经常拿出来看。

温故而知新

这句话出自《论语》。温,是"温习"的意思;故,就是"旧知识"。这句话的意思是,经常温习旧知识,还能得到新的理解和体会呢!

降服作业"大怪兽"

只剩最后一道填空题了,做完这一道,今天的作业就完成啦!

蒋琦琦望着一旁的电脑。它仿佛在呼唤自己:"快来吧,快来和我玩吧,我已经等了好久啦!"

这时妈妈走过来:"写完啦?我来检查检查。"

完了,今天的游戏又泡汤了。

完了,又要没完没了地修改,甚至重写了。

呜呜呜,我恨作业,我恨它占用了我大部分娱乐时间。

唉,要是世上压根就没有"作业"这个词就好了!

或者有一种攻略,能降服作业这个"大怪兽",那也好啊!

降服作业"怪兽"的攻略

- 上课一定要认真听,因为每天的作业基本上都与当天的学习内容挂钩。
- 字迹工整,这样能减少出错的概率。
- 从易到难,免得因为被难题卡住,浪费了太多时间而感到焦虑。实在不会做的题先放一边,等完成了其他作业,再去向父母请教。
- 当然啦,最后还要记住,不要什么都问父母,要养成独立思考的好习惯!

牢牢记住上面的攻略吧。有了它,作业"怪兽"一定会在你猛烈的攻势下乖乖臣服,变成一只温顺可爱的小宠物!

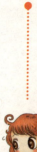

日记其实超简单

"今天,我八点起床,然后去上学。放学后,我回家吃晚饭、写作业,就去睡觉了……"

这是蒋琦琦的一篇日记,可是,这样的流水账日记,肯定没法看吧。

可我们每天的生活就是这样啊。日记日记,不就是记录一天的生活吗?为什么当记录下来后,却又显得那么枯燥无聊呢?

哼,不要跟我说什么"日记其实很简单啊",或者"想写什么就写什么嘛"那样的话,说那种话的人,肯定从来都没有写过日记。

唉,到底要怎样写日记才好呀?

到底怎样才能把明明很平凡的生活,变成一篇篇精彩的日记呢?

怎样写出精彩的日记?

虽然我们大部分生活都平淡如水,但是只要仔细观察,总能发现一些闪光点。

日记其实超简单!

总之，只要我们善于观察生活，就会发现，生活中可写的东西实在太多啦！

要注意的是，一定要找到一个中心点，切忌"眉毛胡子一把抓"，把自己整天的行程都写上，那样就真的变成一篇流水账啦！

让人一见钟情的作文开头

不管是人还是文章,给人的第一印象往往十分重要。

如果一个人穿得邋里邋遢,头发乱蓬蓬,脸上脏兮兮,这样的人,你一定不想去认识他吧。

如果文章开头千篇一律,甚至病句连连,这种文章,你一定也不想继续读下去吧。

所以,作文有一个精彩的开头,让读者对你的文章"一见钟情"是非常重要的。

好的开头,不仅能引出下文,凸显文章的主旨,还能迅速提高读者对文章的好感度,激发读者一口气读下去的兴趣呢。

那么,到底该怎样设计作文的开头呢?

精彩作文开头示例

1. 开门见山，直奔主题，如《课间十分钟》：

下课铃响了，同学们快步走出教室，到操场上参加自己喜欢的课间活动，校园里顿时沸腾起来。

2. 妙用排比，增添气势，如《门》：

绿色推开了春天的门，雨推开了夏天的门，果实推开了秋天的门，瑞雪推开了冬天的门，书籍推开了知识的门，智慧推开了理想的门……

3. 巧设悬念，引人入胜，如《大力士=小蚂蚁》：

小蚂蚁，只有线头那么大，多不起眼儿啊。大力士和小蚂蚁画等号，你说不是怪事吗？

4. 生动活泼的语言开头，如《"哈哈"妹妹》：

"哈哈哈……"我一听，就知道又是那个"哈哈"妹妹大驾光临了。因为，每次听到她的声音，都让人鸡皮疙瘩掉一地，而且是人未到，声先到。

总之，作文开头的方法和技巧实在是太多啦，就看你会不会借鉴啦！

令人回味无穷的作文结尾

一篇作文，是不是只要有精彩的开头就够了呢？

就像沈思琪，老师给她的作文评价经常是"虎头蛇尾"。因为结尾马马虎虎，分数自然就不高。

沈思琪觉得委屈：那么精彩的开头，难道也不能弥补结尾的欠缺吗？

可是，好文章就应该一气呵成，善始善终啊。

尤其是考试，阅卷老师最重视的就是开头和结尾啦！

一个好的结尾，不仅能起到画龙点睛的作用，还能令人回味无穷呢。"余音绕梁，三日不绝"，说的就是这个道理。

我也不想虎头蛇尾啊！

精彩作文结尾示例

1. 篇末点题，如《"顽童"爸爸》：

　　我的爸爸生活中像一个"顽童"，而在工作上却是非常的认真踏实，我为有一个办事认真、公私分明的"老顽童"爸爸感到骄傲，感到自豪。

2. 抒情式结尾，如《在九仙山上看日出》：

　　啊，整个世界充满了无限的生机！这景色感染了我，激发了我，我仿佛已经融入朝阳的光辉中。

3. 反问式结尾，如《真正的友谊》：

　　我们终于和好了，而且通过这件事，更让我们明白了以诚相待、宽容谅解才是友谊的基础。朋友，你说是不是这样啊？

4. 总结式结尾，如《美丽的小兴安岭》：

　　小兴安岭是一座巨大的宝库，也是一座美丽的大花园。

　　作文结尾的方法和技巧是不是很多啊！小读者们，你们学会了吗？

纸上风景更好

沈思琪咬着笔杆,半天没落笔。

爸爸走过来,问:"怎么,遇到难题啦?要不要向爸爸请教请教?"

"老师让我们交一篇写景作文,可是我最不擅长的就是写景了,爸爸你教教我吧。"沈思琪愁眉苦脸地说。

"咦,不是上周才带你去植物园吗?"爸爸挠挠头说,"你只要把在植物园见到的景色描绘出来就行啦。"

"是哦。"沈思琪点点头,准备落笔,可是,她很快又哭丧着脸说,"我还是不知道怎么写。"

唉,就算有了景物素材,也不知道该怎么去描写,还真是一件伤脑筋的事情呢。

亲爱的小读者,你在写作文的时候,是不是也会遇到沈思琪这种情况呢?

怎样描绘纸上风景

秘诀一

寻找景物的特征，可以从很多方面去找，比如形状、颜色、气味，以及带给人的心理感受，等等。

秘诀二

找好观察角度。是远眺，还是近观；是仰视，还是俯瞰；是由远及近，还是由近及远。从不同的角度观察，呈现的景色也会有所不同哦。

秘诀三

动静结合，既描绘出景物的动态美，也要描绘出静态美。

秘诀四

注意时间顺序，比如描写校园的美景，就可以从春、夏、秋、冬四个不同的季节来描绘。

秘诀五

最后，还可以用比喻、拟人、夸张等修辞手法，使你笔下的景物变得更加生动。比如描写落叶："一阵微风吹来，树上的黄叶随着风向四面八方奔跑，就像一个个小风车。"

让笔下的人物活起来

沈思琪有一个活泼机灵、人见人爱的小堂弟，所以这次作文，她的标题就是《可爱的小堂弟》。

沈思琪满怀信心地把作文交上去，可老师给她的分数却不高，评语中有这样一句话："人物描写不够生动。"

咦，为什么原本活泼可爱的堂弟，在沈思琪笔下却变得"不够生动"呢？

如果是人物本身没有魅力，那也就算了。可是，一个充满活力的人物被你描写得死气沉沉，那就是你的不对了。

如果你不想下次描写亲人、朋友或其他人的时候，不敢把作文给他们本人看的话，那么，你就该好好学习一下，怎样使自己笔下的人物活起来啦。

今天的作文不给你看啦，下次吧！

让笔下的人物活起来

外貌描写

描写人物的五官、服饰、神态等，可以加一些修饰词，比如"紫红色的脸膛""脊背又黑又亮"等，更重要的是，要通过外貌突出一个人的年龄、身份、性格特征等。

动作描写

动作描写也是为人物的性格服务的，同时还可以推动故事情节的发展。

语言描写

语言描写一般就是对话描写，要注意，对话一定要简洁有力，切忌废话连篇。

心理描写

心理描写一般是通过某件事、某个现象引出来的，这是最能体现人物性格特征的地方啦！所以，你一定要站在当事人的角度去描写，这样才能使你笔下的人物更加真实、饱满。

消灭作文中的"蛀虫"

妈妈正在厨房里忙碌,书房里传来蒋琦琦的声音:

"妈,我的作文写完了。"

"行,妈妈来给你看看。"妈妈一边在围裙上擦手,一边走进书房。

"……不管天气非常炎热,爷爷奶奶们都去公园锻炼……"妈妈念着念着,皱起了眉头,"我眼睛目不转睛地望着他们……"

"妈,我写得怎么样?"蒋琦琦期待地望着妈妈。

"思路还行,只是病句太多,妈妈都念不下去啦。"妈妈放下作文本说。

"啊!"蒋琦琦一下子泄气了,沮丧地说,"在学校里,老师也说我的作文'语句不通'……"

唉,这该死的病句,就像一只只讨厌的"蛀虫",使别人瞬间失去对你文章的兴趣。

所以,在写作文的时候,一定要小心这些"蛀虫",不要让它们蛀坏了一篇原本不错的作文。

下面就是作文中最常见的病句,快快对号入座,看哪些是你常犯的错误。

作文中最常见的"蛀虫"

成分残缺
比如"通过这件事,深深认识到了友谊的可贵",句中缺乏主语,可以改成"这件事使我深深认识到了友谊的可贵"。

重复啰唆
比如"我把不正确的错别字改过来啦",显然,"不正确"和"错别字"意思重复了,因此可以改成"我把错别字改过来啦"。

用词不当
比如"大伙儿都热烈地帮助新同学",在这里,帮助同学应该用"热心"来形容,而不是"热烈"。

爸爸陆续的回家了…

搭配不当
比如"这次旅游是我最开心的一天","旅游"和"一天"搭配不当,可改为"这次旅游让我度过了最开心的一天"。

记叙文到底怎么写

在作文中,最常见的就是记叙文了。

沈思琪认为记叙文最好写,不就是描述一件事么,只要把事情的起因、经过、结果写出来,不就是一篇完整的作文了?

可安卉却认为记叙文不好写,因为要写出一篇精彩的记叙文并不容易,要表达一个明确的中心思想,抒发一份真挚的情感更不容易。更何况,一篇生动有趣的记叙文,除了要有精彩的叙述,还要有同样精彩的描写、议论、抒情等,不是吗?

那么,记叙文到底该怎么写呢?

怎样写好记叙文

- **首先要找好题材。**

  这就像厨师做菜一样,有了好的食材,要做出一顿美味佳肴来就比较容易了。

- **明确中心思想。**

  你想通过这件事表达一个怎样的思想,在下笔前应该做到心里有数吧。

- **情节的描述不能平淡。**

  在叙述事件时,情节要曲折有致,波澜起伏,这样文章整体上才会显得生动。

- **细节要生动。**

  生动的细节就像许多小小的闪光点,能为你的文章增添不少光彩呢。

写出有个性的作文

这次作文，沈思琪写的是《我的表妹》，她是这么描写表妹的："我表妹脸蛋红彤彤的，就像苹果一样……"

写完后，沈思琪交给妈妈检查。妈妈飞快地将作文看完了，然后发表评论说："思琪，你这篇作文没什么大毛病，可是也有不足之处……"

"啊，是什么？"

"没有新意，什么'脸蛋红彤彤的'啊，'像苹果一样'啊，十个描写表妹的人，九个会像你这么写。"

"……"

是啊，如果我们的作文总是千篇一律，怎么能吸引别人的目光，又怎么能在一堆作文中脱颖而出呢？

你应该听说过"新概念"作文吧，它的主旨就是：打破僵化的思维，发挥个性，表达真实的情感。

> 安卉这篇作文题材新颖，大家要向她学习啊。

> 一定是她奶奶教她的，因为她奶奶是个裁缝！

"新概念"作文一经面世,立刻大受欢迎。因为一篇作文想要吸引别人的眼球,就绝不能千人一面、众口一词,而是要有自己的个性。

你的作文为什么没有个性

题目没有个性

宋嘉玉每次写作文,标题不是《一个难忘的人》,就是《一次难忘的经历》。比起这样的标题来,《家乡的魔术师》《第一次跟外国人谈话》是不是更有个性呢?

语言没有个性

什么"大大的眼睛,高高的鼻子,小小的嘴巴"是沈思琪最喜欢用的句子。把它们统统抛一边吧,试着用另一种更有个性的方式来表达。

材料没有个性

蒋琦琦每次写记叙文,不是写郊游,就是写去游乐场玩。其实,生活中发生的趣事远远不止这些。选一个别人没有写过的素材,一定能让你的作文大放光彩。

不做"跑题大王"

"今天天气真冷啊。"

"啊,我的衣服还晾在外面呢。"

"晾了多久了?"

"好饿啊,我们去吃饭吧。"

怎么样,这样的对话是不是很好笑呢?

不过,第二个人的答非所问,与我们在写作文时的文不对题是一样的哦。

在写作文的时候,总有一些跑题大王,要他写一件事,他却大段地描写风景;要他描述一处风景,他却把大量的笔墨花在写人上……

比如,蒋琦琦写了一篇题目为《雪》的作文。首先,她描写了一场铺天盖地的大雪,然后写想和爸爸去雪地里踩雪,可是爸爸不在家。接着,她开始回忆,爸爸工作很忙,经常加班到一两点,周末也没有时间陪她出去玩……

就这样,写着写着,蒋琦琦就离题十万八千里了。

所以,在写作文的时候,一定要抓住中心,每句话都要围绕这个中心来写,千万不要做一个"跑题大王"哦。

"跑题大王"的作文

第4章

保持成绩，继续前进

考试，放马过来吧

班主任微笑地走进教室，说："大家要做好准备，下个星期进行期中考试。"

从班主任的微笑背后，沈思琪隐隐感到了一股"杀气"。

你是不是也一样，一提到考试，就有一种惊心动魄的感觉？那种感觉，就好像即将要奔赴战场，上阵杀敌一样。

你的敌人，就是一个个选择题、填空题、判断题、应用题……

一不小心，你就会栽到这些敌人手里，被杀得片甲不留。

所以，很多同学考前都会争分夺秒地复习，大搞题海战、疲劳战，恨不得一夜之间把所有的功课复习一遍，恨不得一夜之间成绩突飞猛进。

可是，这可能吗？如果临阵磨枪真那么有效的话，那些成绩好的同学平时又何必那么用功呢？

就算"突击"能取得一定效果，可那些"突击"而来的知识，也不会记得很牢固吧。

其实面对考试，我们不必太过紧张。复习时，抱着一种轻轻松松的心态，反而更利于知识的掌握。

让我们大喊一声："考试，放马过来吧！"

① 根据老师给出的复习大纲来复习
② 保持愉快的心情和充足的睡眠
③ 多吃一些增强记忆力的食物
④ 考试之前要检查自己的文具

谁在临时抱佛脚

妈妈半夜起床，见沈思琪房间里还亮着灯光，就疑惑地敲了敲门："思琪，怎么还没睡？"

沈思琪睁着一双熊猫眼，将门打开了："妈妈，我在背课文呢。"

"这么晚了，还背什么课文，赶快去睡觉。"妈妈皱着眉头说。

"不行啊，明天就要考试了，我必须把这几篇课文背完。"

妈妈听了，摇摇头说："你呀，这是典型的'临时抱佛脚'。"

"闲时不烧香，临时抱佛脚"是一句俗语，原本指一些人平时对佛祖不虔诚，到了关键时刻才急急忙忙地"抱佛脚"。后来，这句俗语被广泛应用到生活的各个领域。

在学习上，"临时抱佛脚"的人还真不少呢。他们平时不用功，当别人努力学习的时候，他们却在玩游戏、看漫画，等到了考试前夕才开始着急，于是匆匆忙忙地拿出书本"挑灯夜读"。

临时抱佛脚有用吗？

> 对有些人来说，临时抱佛脚是有用的，通过短时间的复习，他们背下了大量的课文、单词、公式等。不过，一旦考完试，这些知识很快就被忘记了。更何况，就算你临时抱佛脚，顶多也只能考个合格，与那些平时认真学习的同学是完全不能相比的。

所以，我们还是应该平时就努力学习，将基础打好，这样，就算是马上要考试了，我们也能做到胸有成竹。

四选一，怎么选

在一张试卷中，选择题占的分值往往很大。在做选择题的过程中，是不是经常出现这样的情况：

"咦，好像每一个都能选呢。"

或者，" 'A' 和 'B'，该选哪一个好呢？"

或者，"奇怪，怎么四个选项中，没有一个是正确答案呢？"

遇到这种情况，有的人往往会犹豫不决，到头来，选了一个错误的答案不说，还浪费了考试的时间。

所以，蒋琦琦干脆"发明"了一种快速做选择题的办法，那就是不管三七二十一，全都填同一个答案。

这样，就算是瞎猫碰死耗子，也总能碰对几个吧。

可这样的话，你的试卷恐怕会很难及格。

而且，相对于后面的题目来说，选择题往往比较简单，你要是放弃了，那就太得不偿失啦！

所以，牢牢掌握做选择题的方法，是帮助你拿高分的诀窍。

几种做选择题的方法

直接法：直接根据题目算出答案，然后找到正确选项，填在答卷上。这是做选择题最常见的方法。

筛选法：如果不能根据题目直接得出答案，那就使用筛选法，分析、判断哪些是错误的选项，然后把它们一一淘汰，剩下的就是正确答案。

代入法：把每一个选项都代入到题目中，找到正确的选项。这种方法尤其适合做数学题。

直观法：如果选项是图形，就直接进行观察比较。这种方法也很适合做数学题。

对与错的"选择"

如果说，选择题有四个选项，随便选一个，正确的概率都有四分之一的话，那判断题就更好办啦。

判断题只有两个选择，对与错，二选一，所以，有时候，沈思琪连题目都不看，全部填钩，或者全部填叉。她想：运气好的话，还能得一大半分呢。

可是，考试不能仅仅靠运气吧。

而且，就算你这次运气好，那下次呢？下下次呢？

所以在考试中，我们千万不能抱有侥幸心理，对于能拿到的分数，一分都不放过！

判断题要怎么做

1. 出判断题的目的，主要是为了考查那些容易混淆的知识点，因此题目中的陷阱非常多。所以，在做判断题时，为了防止落入出题者的陷阱，一定要认真审题。

2. 审题之后，要从多方面来判断句子的正误，比如句子表达的意思是否正确，句子成分是否完整，搭配是否得当，等等。

3. 把所有题目做完后，检查一下答案，如果出现全部填勾或者全部填叉的情况，那就要当心了，因为一般不会出现这种情况。当然，如果你确定自己没有选错，那就相信自己吧，千万别为了看上去"顺眼"而把正确的答案改错了。

计算题，该拿你怎么办

每次发数学试卷，张小美都心惊胆战。

"完了，这次一定又不及格！"

咦，试卷还没发下来，她怎么知道自己一定不及格呢？

因为试卷上一共有四道计算题，总共占了40分，而张小美却只做了两道，而且都是胡乱写的，这样都能及格就怪了。

呜呜，出题人为什么要把计算题出得这么难？

难也就算了，而且一道题的分数动不动就是8分、10分。

错一道，就要丢不少分。

错两道，就别想拿优良了。

错三道，恐怕连及格都难啦！

唉，计算题啊计算题，该拿你怎么办才好呀。

遇到计算题就这么办：

● **平时要大量做题。**

　　一般来说，试卷上的计算题都是由书本上的例题、练习题转化而来的。所以，我们平时就要大量做题，锻炼自己的思维和计算能力。

● **不要依赖计算器。**

　　平时做练习时，不要太过于依赖计算器，因为这会大大降低我们的计算能力。

● **按照题目类型来解答。**

　　在考试中遇到计算题，首先要分析题目的类型，是计算还是式子化简，或是其他类型。对于不同的题型，要用不同的方法来作答。

● **先检查计算题。**

　　试卷做完后，如果还有剩余时间，一定要首先检查计算题，因为计算题步骤多，易出错，而且占的分数比例大。

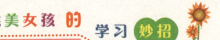

你会休息吗

你是那个会休息的聪明人吗?做一个小测试就知道了。

懂得劳逸结合的人,学习效率才会更高.

1. 经常凌晨才睡觉
2. 眼睛老是睁不开似的
3. 记忆力不好
4. 总感觉全身无力
5. 除了体育课,从不参加任何体育活动
6. 戴300度以上的眼镜
7. 经常用咖啡提神
8. 常被大量的习题搞得头昏脑涨
9. 成绩好,但没有任何兴趣和特长
10. 有时会失眠

上面10个选项中,如果有3项以上符合你的状况,那么你一定是个不会休息的人。

做一个会休息的女孩:

1. 听轻音乐
2. 不熬夜
3. 多吃清淡的食物
4. 选择一项喜欢的体育运动，比如跑步、打乒乓球等
5. 经常做深呼吸

完美女孩 的 学习 妙招
LEARN TIPS

别被广告误导了

沈思琪家楼下有一家服装店，店名叫"衣衣不舍"，妈妈经常带着她去选购衣服。

于是，在一次语文考试中，沈思琪自然而然地写下了这样的句子："我们衣衣不舍地分开了。"

试卷发下来，吴老师给她打了一个大大的叉，并在"衣衣不舍"下面划了一道红杠。

沈思琪拿着试卷左看右看，还是没看出个所以然来："咦，到底哪里错了？"

哼，再也不来这家店买衣服了！

后来，她去查成语词典，才发现原来是"依依不舍"，而不是"衣衣不舍"。

"都怪那家服装店，这次我可被它害惨了。"沈思琪苦着脸说。

事实上，生活中这样的例子还不

少呢。有很多店名、广告为了追求谐音效应,故意使用一些"错别字",看得多了,就很容易被误导。

所以,在面对五花八门的广告时,我们一定要擦亮眼睛,千万别像沈思琪一样"上当"。

你能找出下面广告中的"错别字"吗?

洗衣机广告——闲妻良母

电熨斗广告——百衣百顺

化妆品广告——趁早下斑,请勿痘留

止咳药广告——咳不容缓

酒类广告——有口皆杯

黄金广告——精益求金

蚊香广告——默默无蚊

胃药广告——无胃不治

治疗结石病广告——大石化小,小石化了

你有学习对手吗

你一定喝过百事可乐和可口可乐吧。这两种饮料的口味十分相似,但又各有特色。有的人更喜欢百事可乐的味道,有的人却对可口可乐情有独钟。

事实上,百事可乐和可口可乐两家公司一直是彼此最大的竞争对手。

20世纪中期,百事公司就给自己定下了目标——一定要击败可口可乐公司!

经过一系列的创新和营销,百事公司终于如愿以偿。可口可乐公司狼狈地败下阵来。但是,可口可乐公司并没有就此认输,他们同样给自己定下了目标——击败百事公司,并进行了一系列的创新。

就这样，两家公司你追我赶，最终都取得了辉煌的成就。

在学习上也是如此，拥有一个学习对手，能让我们拥有一个更加明确的目标，能不断激励我们进步，迎接一次又一次挑战。

如果你还没有学习对手，那么赶紧给自己寻找一个目标吧。

如果你已经拥有了学习对手，那么就勇敢地向他宣战吧：下次考试，我一定要超过你！

如何选择你的学习对手

- 目标不要定得太高，也不要定得太低，最好是势均力敌，或是成绩稍微比你好一点点。
- 在学习上你们是对手，但在生活中你们并不是敌人。你们甚至可以成为最好的朋友，互帮互助，共同进步，达到"双赢"的目的。
- 当你完全击败了一个对手时，你就可以寻找下一个更高的对手了。

请在这里写下你目前学习对手的名字：＿＿＿＿＿＿

写给爸爸妈妈的信

沈思琪和妈妈在小区里散步，刚好遇到安卉和她妈妈也在散步。

打过招呼后，妈妈就对沈思琪数落开了："思琪，你看看人家安卉，学习成绩怎么就比你好那么多呢？同样是女孩，你为什么就比人家差一大截……"

听了妈妈的话，沈思琪难堪得想找个地缝钻进去。

唉，妈妈总是这样，不停地拿自己跟别人家的孩子比较，而且常常当众让沈思琪难堪，这让沈思琪苦恼极了。考虑了很久之后，沈思琪决定给妈妈写一封信。

看了沈思琪的信后，妈妈改变了很多，不再动不动就说"你看看别人家的孩子怎样怎样"之类的话。当沈思琪取得进步时，妈妈还会小小地表扬她一下。渐渐地，沈思琪的学习成绩越来越好了。

在生活中，你认为爸爸妈妈有哪些做得不对的地方，或者你有哪些想告诉爸爸妈妈的话，也可以写一封信告诉他们哦。

接下来，我们一起看看沈思琪的信是怎么写的吧！

亲爱的妈妈：

请不要总在别人面前数落我好吗？请不要总拿我跟别的孩子比较好吗？我知道您希望自己的女儿变得和别人一样优秀，可是，我真的已经在努力了，请给我一点儿时间好吗？

您总是当着别人的面说我"不争气"，"比不上别人家的孩子"，这对我的学习一点儿好处都没有，只会严重伤害我的自尊心，而且还让我在同学面前抬不起头来……

妈妈，我需要的不是指责，而是鼓励，请给我一点儿鼓励，好吗？

您可怜的女儿：沈思琪

****年**月**日

考砸了能修改分数吗

<u>这</u>次数学考试，沈思琪只考了65分。自从拿到试卷的那一刻起，她就一直愁眉苦脸。

怎么办？这么一点分数，回去怎么向爸妈交代啊。

其实沈思琪平时的数学成绩并不差，只是这次考试时看错了一道大题，再加上有点粗心，才失掉了不少分。

可是，对于这样的理由，爸爸妈妈会接受吗？

他们一定认为沈思琪最近没有好好学习，成绩才会下降得这么厉害。回去之后，沈思琪免不了受到责骂。

蒋琦琦看出了沈思琪的担忧，把头凑过来悄悄地说："思琪，我有一个好办法……"

"什么办法？"沈思琪赶忙问。

蒋琦琦拿出一支红笔，递给沈思琪："只要在'6'上添一个圆弧，不就变成'8'了吗？"

"啊，你是说……改分数？"沈思琪张大嘴巴。

"是啊，上次我只考了57分，就是用这种办法把'5'改成了'8'，回去后妈妈一点都没发现呢。"蒋琦琦洋洋得意地说。

沈思琪沉默了。

如果你是沈思琪，你会怎么选择，改还是不改呢？

思琪的两种选择

不改,回去后可能会受到爸妈的责备,但是,吸取了这次教训,下次考试时,沈思琪就会更加细心,避免再次出现今天的这种情况。

改了,回去后也许就不会挨骂了,可是,这不仅仅是欺骗了父母,更是欺骗自己。更何况,如果真相被父母发现,后果就更严重了,到时候,就不仅仅是考得好坏的问题了,而是一个人的诚信问题。

所以,考砸了以后修改分数,这实在是一种不明智的做法。只有坦诚地面对自己的分数,并借此来鞭策自己,不断激励自己,才是正确的选择。

被老师错怪时

这节是语文课,趁吴老师在黑板上写字时,有的同学开始窃窃私语。

突然,吴老师回过头来,生气地说:"刚才是谁在说话?"

教室里顿时变得鸦雀无声,见大家都不承认,吴老师开始点名了:"沈思琪,是不是你?刚才我听到你的声音了。"

沈思琪委屈极了,因为刚才她一直在做笔记,一句话都没讲。她很想辩解,但看到吴老师板起的脸,又吓得不敢开口了。

吴老师又批评了沈思琪几句,才开始继续讲课。

从这以后,沈思琪就记了吴老师的仇,只要是上语文课,她就做小动作,或者看其他的书,反正,她就是不想听语文老师讲课,谁叫吴老师冤枉她呢?

当你被老师错怪时,你会怎么做呢?是和沈思琪一样,赌气再也不听这个老师的课吗?如果你用这种方式来抗议的话,那就太不明智了,这样并不能化解你和老师之间的误会,而且会耽误了自己的学习,到头来,损失最大的还是自己,不是吗?

当你被老师错怪时

金无足赤，人无完人，老师也有错的时候，当老师错怪了你时，千万不要跟老师赌气。正确的做法是找老师好好沟通，证明自己的清白。如果不好当面说，你可以写一张纸条送到老师的办公室，或是夹在作业本里。相信老师发现自己的错误后，一定会真诚地向你道歉。

那些辍学的名人

一天,沈思琪向妈妈提出要辍学。妈妈大吃一惊,赶紧问她怎么回事。

原来,沈思琪最近看了一则新闻,新闻中说很多名人都是半途辍学,比如作家韩寒,他高中就辍学了,还有比尔·盖茨,他被称为"哈佛最成功的辍学生"。

于是,沈思琪想,既然不上学也能成功,那干吗还要在学校里浪费时间呢?

事实上,沈思琪的这种想法是非常危险的,因为这些名人虽

辍学后该去干吗呢?

跟我讨饭吧!

然没有完成学业，但在辍学之前，他们已经拥有了很好的学习基础，知道了自己的优势、特长，并对未来有了明确的目标。而沈思琪作为一名小学生，跟他们的差距实在是太大了。

更何况，天才只是少数人，韩寒也只有一个，你凭什么认为自己将来一定能成为他呢？所以——

不要盲目地复制别人的成功，因为你并不是他。

不要随便拿自己的未来冒险，因为人生一旦出错，便无法再重来。

名人辍学前

韩寒在辍学前，已经获得首届新概念作文大赛一等奖，并出版了小说《三重门》。

比尔·盖茨13岁就开始计算机编程，辍学前已经完成了三年大学的学业，并拿到了全部学分——事实上他并不是一个真正的辍学生。

乔布斯因为家庭贫穷而辍学——辍学是不得已的。

麦当娜辍学前，正在大学学习现代舞，并已经有了很强的舞蹈功底。

给书包"减减负"

"累死我了,累死我了。"沈思琪一回到家,就咚地把书包丢到桌子上,坐下来直喘气。

爸爸笑着走过来,说:"上学有那么累吗?"

"不是啦,"沈思琪指了指书包,"是书包太重了。"

爸爸走到桌边,提了提书包,立刻皱起了眉头:"咦,怎么这么重?"

说完,爸爸打开了沈思琪的书包,真是不看不知道,一看吓一跳,沈思琪的书包里塞满了书本、练习本、文具,还有许多别的东西。最令爸爸惊讶的是,里面还有一本沉甸甸的成语词典和一本英语词典。

这就难怪沈思琪觉得书包重了。不过,真的有必要把这些东西全都装进书包里吗?

事实上,有很多东西是可以从书包里拿出来的,适当地给书包"减减负",同时也给自己"减减负",不是很好吗?不然,每天背着沉甸甸的书包上学、回家,不但自己觉得累,时间长了,说不定还会变成驼背呢。

给书包"减减负"

1. 不必要的书本不要背来背去,每天上学只要背用得着的书就行了。

2. 字典和词典不要每天背来背去。可以买两本,学校里放一本,家里放一本。

3. 没有必要为了追求新颖、好看而去买那些功能繁多的文具盒,文具盒只要轻便、实用就行。

4. 如果书包实在太重,可以买那种带轮子的拉杆书包,这样就不用背来背去啦。

好难过，成绩又下滑了

咚咚咚，宋嘉玉在老师办公室门口犹豫了老半天，最终还是敲响了门。

班主任一看："是宋嘉玉啊，有什么事吗？"

宋嘉玉哭丧着脸，走到班主任面前："老师，我不想再当学习委员了。"

"为什么啊？"班主任很吃惊。

原来，这次期中考试，宋嘉玉的成绩很不理想。她原本一直在班上排前三名，可这次考试却排到了第15名。

因为这件事，宋嘉玉的情绪低落了好久，她甚至开始怀疑自己的学习能力。最后，她认为自己没有资格再当学习委员了，于是向老师提出了"辞职"。

像宋嘉玉这样经受不住一点打击，动不动就怀疑自己能力的女孩还真不少呢。一次考试没考好，她们就整天愁眉苦脸，甚至一蹶不振，于是成绩下滑得更加厉害，心情也变得更加郁闷，就这样形成恶性循环，这种情况是非常可怕的。

那么，当我们成绩下滑后，应该怎样度过这段"阴影期"呢？

成绩下滑后可以做的

"睡美人"的烦恼

不知道为什么,这段时间沈思琪一上课就犯困。有好多次,老师正在讲台前讲课,沈思琪听着听着,就趴在桌子上睡着了,直到同桌将她摇醒,或是被老师发现。

"沈思琪,你是怎么回事?怎么一上课就打瞌睡?"老师生气地问。

沈思琪委屈地回答:"其实我也不想睡觉,可不知道为什么,就是控制不住自己。"

好像每个班都有像沈思琪这样的"睡美人",对她们来说,老师讲课的声音就像催眠曲一样,听着就想睡觉,怎么也控制不

住自己。其实，她们自己也十分苦恼。在犯困的时候，有的女生为了让自己清醒一点，想过许多办法，比如不停地喝水啦，甚至掐自己的大腿，可是统统不见效。

这是为什么呢？

原因1：晚上熬夜熬得太晚，导致第二天精神不振，一上课就想睡觉。

原因2：对老师的课不感兴趣，大脑无法兴奋起来，自然就想睡觉。

原因3：长期上课睡觉形成了习惯，一到上课时间，神经系统就认为该睡觉了。

原因4：早餐吃得太饱，血液集中在肠胃，大脑血液供应不足，所以想睡觉。

原因5：长得胖，又不爱运动，精神状态差，白天总想睡觉。

如果你也是个一上课就犯困的"睡美人"，就赶紧找出自己犯困的原因，然后对症下药吧。

不好，大脑一片空白

在考场上，有些心理素质不太好的女孩，往往会出现王恩恩这种情况：遇到解答不出来的难题时，会突然变得慌乱，大脑一片空白，什么都记不起来，同时，呼吸加快，心跳加速，额头直冒冷汗……

这时候该怎么办呢？请按照下面的步骤来做：

1. 把笔放下来，停止做题。

2. 闭上眼睛，一边深呼吸，一边对自己说"我要放松，我要放松"。重复几次，直到真正放松为止。

3. 睁开眼睛继续做题，但要跳过难题，先挑选最容易的题目来做，等恢复自信后，再按顺序答题。

大脑突然一片空白

① 今天王恩恩要考试。

② 试卷发下来了,王恩恩一看题目就傻了眼。

③ 关键时刻,王恩恩大脑一片空白,急得她汗如雨下。

④ "啊,谁来教教我!"王恩恩彻底崩溃了。

我爱课外书

一般来说,女生不像男生那样爱踢球、打闹和玩游戏,在空闲的时间里,很多女生都喜欢捧着一本课外书,安安静静地享受阅读带来的乐趣。

毋庸置疑,课外书能给我们带来很多好处,比如开阔视野啦,丰富课外知识啦,提高学习兴趣啦,陶冶情操啦,等等。不过,在选择课外书的时候,有些女生往往犹豫不决:到底看哪一类课外书好呢?

事实上,不管是哪种类别的书,只要是一本好书,就值得我们去读。

文学名著:可以提高文学素养,树立正确的价值观。

科学书:学到丰富、实用的科学知识。

历史书:了解自己国家和民族的过去,增强民族自尊心和自信心。

小说:锻炼阅读能力,提高作文水平。

童话:培养丰富的想象力,并让自己心中永存美好的梦想。

漫画:在娱乐的同时,从主人公身上学到各种优秀的品质,比如对友谊的坚定、对梦想的追求,等等。

读课外书的几种习惯

课外书既有趣,又能给我们的学习带来帮助,所以人人都爱读课外书。而且,每一个人都有自己的读书习惯,让我们来分享一下吧。

宋嘉玉:我喜欢读那种对话比较多的书,因为可以和爸爸妈妈分角色朗读。比如在读童话时,我朗读公主的对话,妈妈朗读王后或巫婆的对话,爸爸朗读国王的对话。我觉得这样读书特别有趣。

安卉:我读书的时候,遇到精彩的句子、段落会做上记号,有时候还会大声朗读一遍。如果是自己特别喜欢的句子,我还会背下来,这样,下次写作文的时候,我就可以直接引用了。

唐姗姗：一般来说，我读书的时候，第一遍都是走马观花，如果这本书确实值得读第二遍，那我就会再细细品读一遍。当然，对于一些非常经典的书，我还会读第三遍、第四遍，甚至更多遍。

经典的书值得我们一读再读！

沈思琪：当我选择了一本书后，我会在最短的时间内把它读完，因为隔的时间越长，前面的内容就越容易忘掉，只好重头再读一遍。

在最短的时间内读完手上的书，绝不拖拉！

你有哪些读书习惯呢？也来分享一下吧。

乱糟糟的课桌

这么乱的地方还是课桌吗？我们受不了了！

蒋琦琦的课桌里总是乱糟糟的，课本、试卷、文具全都堆在一起，几乎占满了课桌里的每一个空隙。

沈思琪有点看不下去了，说："蒋琦琦，你该把课桌清理一下了。"

"知道啦，知道啦！"蒋琦琦嘴里这么说，却完全没把沈思琪的话当一回事。

这节是数学课，刘老师拿出一个大大的三角板，对台下的同学说："请同学们拿出自己的三角板，跟我一起画一个直角三角形。"

"三角板，我的三角板在哪里？"蒋琦琦手忙脚乱地找开了。

她找了老半天，终于在语文课本里发现了三角板。可这时，刘老师已经在讲下一个内容了。

接着，刘老师让大家拿出圆规。蒋琦琦又低着头找了半天，最后发现圆规裹在一堆试卷里。

就这样，蒋琦琦不停地找尺子、圆规、铅笔……至于刘老师讲了些什么，她一点也没听进去。

唉，像蒋琦琦这样，课桌总是乱糟糟的，关键时刻老找不到需要的文具、书本和试卷，又怎么能好好学习呢？

所以，不要认为课桌脏一点、乱一点没关系。把自己的课桌整理得井井有条，不但让人看上去觉得舒服，还能提高学习效率呢。

学会整理自己的课桌

- 将学习资料分类放好，比如课本放一起，作业放一起，试卷整理好放在一个文件夹里。
- 要有一个文具盒，将笔、橡皮、尺子等放在文具盒里。
- 不必要的东西，比如小玩具、小饰品、镜子等最好不要带到学校里来。
- 最后要注意的是，书本、文具等用完后一定要放回原处。

不戴眼镜的女孩更漂亮

沈思琪每次走在学校里,总能引来许多女孩羡慕的目光:

"快看,她就是沈思琪,五(三)班最漂亮的女生。"

"是啊,尤其是她的眼睛,又黑又亮,我要是也有一双这样的眼睛就好了。"

……

每次听到这样的话,沈思琪心里都会有点小小的得意。

可是后来,由于看书和看电视时不注意保护眼睛,沈思琪戴上了眼镜。当她再次走在校园里的时候,她听到了这样的对话:

"咦,她怎么戴眼镜了?"

"真可惜,她看上去没以前那么漂亮了。"

是啊,一双炯炯有神的眼睛能让你整个人都焕发出光彩,而当你戴上眼镜后,眼睛里的神采被镜片遮盖住了,人自然也就没那么好看啦。

所以,如果你想让自己看上去更漂亮一点的话,就一定一定要保护好眼睛,别让自己的眼睛变得近视。

- 不躺在床上看书。
- 不在光线暗的地方看书。
- 坐姿要正确,眼睛与书本的距离保持在30厘米以上。
- 不长时间看电视、电脑。
- 勤做眼保健操。

不过,如果你已经近视得比较厉害了,就一定要佩戴眼镜,否则,视力会变得越来越差,那就糟糕了。

不要"歧视"体育课

体育课前,邱小洁捂着肚子找到体育老师:"老师,我肚子有点疼,想请一节课假。"

体育老师觉得奇怪:"邱小洁,你怎么一上体育课就肚子疼呢?"

邱小洁一下子脸红了。其实,她并不是真的肚子疼,只是想找个借口逃掉体育课罢了。

邱小洁是班上的尖子生,她觉得体育课是一门完全可以忽略的课程,毕竟体育成绩又不会影响到学习排名。所以,还不如用上体育课的时间写写作业,或是看看书呢。

有这种想法的女生应该不止邱小洁一个吧,尤其是那些成绩好的女生。她们整天待在教室里学习,一上体育课就以各种借口向老师请假,就连课间十分钟也懒得出教室走一走。这样,她们是拥有了比别人更多的学习时间,可是,牺牲运动的时间来换取学习时间,真的是一件划算的事情吗?

不进行体育锻炼的后果

现在你知道了吧，不运动的后果与不学习的后果一样可怕，所以，我们千万不能"歧视"体育课，应该把它和文化课一样来对待。

尖子生要注意的

"呀，我的语文课本不见了！"安卉在课桌里找了一阵后，突然大叫起来。

本来吵吵嚷嚷的教室，一下子变得安静了。

是谁拿走了安卉的语文课本？

经过班主任刘老师的调查，结果让人大跌眼镜——竟然是宋嘉玉干的！宋嘉玉一直是班上的尖子生，成绩和安卉不相上下，她为什么要拿走安卉的课本呢？

原来，这个学期安卉的成绩依然遥遥领先，宋嘉玉的成绩却下滑了不少，上次语文测验，安卉考了97分，宋嘉玉却只考90

分。宋嘉玉嫉妒极了，于是就想了这么个馊主意——偷走安卉的语文课本。

这件事在班上引起了极大的轰动，同时，也引发了大家的思考。

不论是在学校，还是在社会中，尖子生一直都是老师和父母的骄傲。他们学习用功，成绩优异，经常获得各种荣誉和奖励，但是，仅仅学习成绩好就够了吗？除了优异的成绩，尖子生还要具备优良的品德以及良好的心理素质。

- 要有包容心，当别人超过你时，不要心怀嫉妒。
- 对同学谦逊有礼，切勿傲慢。
- 怀一颗感恩的心，常常感谢父母和老师。
- 勇敢地面对挫折，不轻易被失败击垮。
- 勇于创新，有自己独特的见解。

让我们一起进步吧

<u>这</u>次换座位后,唐姗姗和安卉成了同桌。

"安卉,我早就想跟你坐啦。"刚坐下,唐姗姗就兴奋地对安卉说。

"为什么?"安卉觉得奇怪。

"因为你的英语成绩是班上最好的,而我的英语成绩太差,我们成了同桌后,我就可以经常向你讨教英语问题啦。"唐姗姗说。

安卉笑了:"那刚刚好,你的数学成绩不错,我数学不太

好,以后我也要常常向你讨教哦。"

的确,在学习中,两个人互帮互助要比一个人埋头苦学有效率得多。毕竟一个人的能力是有限的,而两个人一起学习,不仅可以取长补短,一起分享学习成果,还能相互督促、相互鼓励,最后一起获得进步!

关于合作的名言

共同的事业,共同的斗争,可以使人们产生忍受一切的力量。
————奥斯特洛夫斯基

人是要有帮助的。荷花虽好,也要绿叶扶持。
————毛泽东

人们在一起可以做出单独一个人所不能做出的事业;智慧、双手、力量结合在一起,几乎是万能的。
————韦伯斯特

至少培养一门兴趣爱好

你喜欢唱歌吗?那跳舞呢?

你会拉小提琴吗?或者是电子琴?

你会画画吗?或者是书法?

……

什么?你认为除了学习,其他统统都是在浪费时间?

那你就错了,虽然学习很重要,但是培养一门兴趣爱好同样十分重要。因为一门健康的兴趣爱好,不仅可以陶冶我们的情操,丰富我们的业余生活,还能使我们交到很多志同道合的朋友呢!

安卉:我一定要把钢琴练好,因为我的理想是成为像郎朗、李云迪那样的钢琴大师。

沈思琪:自从上次和爸爸一起去参观了一个画展后,我就迷上了画画。虽然我可能没办法成为一个画家,但我还是要感谢绘画给我带来的乐趣。

蒋琦琦：大家都说我爷爷的书法好，说什么"翩若惊鸿、婉若游龙……"这个暑假，我一定要让爷爷教我写毛笔字。

宋嘉玉：我正打算让妈妈给我报一个舞蹈培训班，因为听说跳舞的人有一种独特的气质。我要成为一个很有气质和魅力的女孩。

你的兴趣爱好是什么呢？请填在下面的横线上：

漫长的暑假

"**好**期待啊,终于要放暑假了。"

在放暑假的前几个星期,沈思琪每天都眼巴巴地盼望暑假快点到来。

可是,当暑假真的到来后,沈思琪又觉得暑假并不是那么有趣了。她每天睡到快中午才起床,然后上网、看电视……每天都是这样,真是无聊死了。

"真是有点怀念在学校的日子啊。"沈思琪想,至少在学校里,有那么多同学可以一起玩耍、聊天。

将近两个月的暑假,的确有点漫长,那么,到底该怎样度过暑假呢?玩游戏?看电视?睡懒觉?暑假当然可以好好放松,不过,更应该做一些有意义的事情,不是吗?

暑假可以做的事

尽快完成暑假作业

看几本课外书

每天记一点单词

帮妈妈做家务

学一些有趣的手艺，比如折纸、做蛋糕等

和家人一起去旅游

你知道吗？由于南半球和北半球的季节相反——当北半球还在冬季时，南半球已经到了夏季，所以，南半球学生的暑假一般是从12月份开始，到1月份结束。